Verena Enz

MAMA
SELFLOVE

*Survival-Guide für den perfekt
unperfekten Familienwahnsinn*

Verena Enz

MAMA
SELFLOVE

*Survival-Guide für den perfekt
unperfekten Familienwahnsinn*

HERDER

FREIBURG · BASEL · WIEN

Satz: Röser MEDIA GmbH & Co. KG, Karlsruhe
Herstellung: GGP Media GmbH, Pößneck
Printed in Germany

ISBN 978-3-451-60130-9
ISBN E-Book (ePub) 978-3-451-82966-6

INHALT

EINLEITUNG

Ich gestehe, mir geht es schlecht. Sehr schlecht sogar. Das Wort »Mama-Hamsterrad«, das für mich eher unsexy klingt, habe ich natürlich schon mal gehört, aber nie mit mir selbst in Verbindung gebracht. Warum auch? Ich und diese unsexy Wortkombi »Mama« und »Hamsterrad«? Vielleicht auch noch »Maaamaaaa«? Nein, danke.

Das mag zu dieser abgerackerten Frau passen, die nach der Arbeit und vor dem Fußballtraining des Sohnes noch schnell den Kuchen für das Elternvereinsbuffet mit einem Fondant verziert und beim Small Talk nur über sich und ihre gestresste Welt redet. Aber ich? Nein. Ich hab zwar Kinder und einen Job, aber ich bin doch nicht im »Ratter-Modus«. Ich schaffe das schon irgendwie. Ich bin zwar Mama, aber ich bin auch Frau, oder?!

DAVOR

Es ist Sommer 2017. Ich habe drei Kinder, knapp ein Jahr, vier und fünf Jahre alt, einen 30-Stunden-Job, das »bisschen Haushalt« und – zum Glück – einen Ehemann. Zusätzlich betreue ich abends oder nachts noch eine Onlineplattform, deren Zahlen stetig steigen.

In der Früh läutet mein Wecker um halb sechs, damit ich nach dem zweiten Schlummer-Abwürg-Griff checken kann, was sich in den letzten fünf Stunden in meiner Ecke der virtuellen Welt so getan hat. Ich beantworte möglichst alle Kommentare. Mein Mann schläft währenddessen noch oder liest die Zeitung. Ich bestrafe ihn mit einem strengen Blick. Warum gönnt er sich den Luxus? Ja, ich beneide ihn insgeheim dafür. Als könnte er Gedanken lesen, murmelt er: »Es tut mir leid, aber ich kann dir da nicht helfen. Wirklich nicht. Ich weiß nicht, was ich auf die Kommentare antworten soll. Bei Mama-Problemen, Windeln und Wochenbett kenne ich mich nicht aus.« Und dreht sich noch mal um.

Aha!

Um sechs flitze ich dann hastig ins Bad und ärgere mich wieder. Nein, nicht über meine etwas zu gelb geratenen, selbst gefärbten Haare, dafür und für den Friseur habe ich keine Zeit. Ich ärgere mich über die nicht unwesentliche Tatsache, dass sich das Dauerproblem Wäsche nicht von allein erledigt. Warum bloß habe ich am Vorabend diese Erkenntnis ignoriert? Weil sich ständig etwas anderes in den Vordergrund geschoben hat. Nein, freilich nichts, was ich für mich getan habe. Ich habe gekocht, vorgelesen, die Küche aufgeräumt, die offenen Mails bearbeitet, die ich am Nachmittag auf mein Firmenhandy bekommen habe. So ist es leichter, den folgenden Tag zu planen, und ich weiß in etwa, ob ich es schaffen werde, die Kleinste pünktlich um halb eins von der Krabbelstube abzuholen. Im Notfall muss ich nämlich jemanden bitten. Doch halt, stopp! Wen soll ich mitten am Tag um Hilfe bitten?

»Mama, wo ist meine Lieblingshose? Ich habe sie schon lange nicht mehr gesehen«, holt mich ein Kind zurück in die morgendliche Realität. »Mama, die Strumpfhose passt mir nicht mehr!«, brüllt das nächste. Tja, dass ihr die Strumpfhose der kleineren Schwester nicht passt, war logisch. Unlogisch war nur, wie sie trotzdem in ihre Lade kam ... Wieder kommt langsam dieses mulmige und schuldbewusste Gefühl in meiner Bauchgegend auf.

Andere sind bessere Mütter.

Andere sind besser organisiert.

Andere spielen öfter mit ihren Kindern.

Andere geben ihren Kindern nie das Tablet.

Andere hören ihren Lieblingen aufmerksamer zu.

Andere schreien nie.

Andere sind nie müde.

Andere sind im Beruf konzentrierter.

Andere haben Zeit, sich mit Kollegen zu unterhalten.

Andere heben das Telefon sofort ab, wenn ihr Chef oder jemand von der Arbeit anruft.

Andere sind bessere Ehefrauen.

Andere haben mindestens dreimal pro Woche Sex. Und nein, nicht nur einfach schnellen, gewöhnlichen Elternsex, sondern richtigen, leidenschaftlichen Wir-nehmen-uns-die-Zeit-Sex. Im Sinne meiner eigenen Eltern: rascher Themenwechsel:

Andere fahren öfter zu ihren eigenen Eltern.

Andere bügeln die Unterwäsche. Oder die Bettwäsche. Oder bügeln überhaupt irgendwas und haben das Bügeleisen nicht nur, weil man halt eines hat.

Last, but not least zu diesem Zeitpunkt nicht so unwesentlich: Andere sind nicht plötzlich schwanger und bekommen ein viertes Kind. Tja, wie war das mit dem Sex noch mal?! Oder: Ich heiße dich willkommen im Survival-Guide für den perfekt unperfekten Familienwahnsinn!

PLÖTZLICH SCHWANGER UND WACHGERÜTTELT

Lass mich raten: Klingt die ungeplante Schwangerschaft angesichts meiner massiven Tag-und-Nacht-und-überhaupt-Überforderung für dich nach dem raschesten Weg in den Burn-out? Verstehe ich. Aber: Das war sie nicht. Sie entpuppte sich zum Glück als mein Weckruf. Als mein Startsignal, um Auswege aus dem Mama-Wahnsinn zu finden. Heute, sechs Jahre später, stehe ich anders da und kann dieses Buch schreiben und meine Erfahrungen mit dir teilen. Ich möchte gemeinsam mit dir auf eine Reise gehen. Und ich verspreche dir, dass es keine Reise ist, die spurlos an dir vorübergehen wird. Es wird vielmehr eine Reise mit bleibenden und prägenden Erinnerungen für dich sein. Eine Reise, die dir Schritt für Schritt zeigen wird, dass es anders sein kann, als es gerade ist.

Auf meiner eigenen Reise war ich nicht allein, und so erzähle ich von meinen Freundinnen auf Instagram, meinen Insta-Innies, denen es ähnlich gegangen ist wie mir. Und dann gibt es noch die schmerzhaften Stories von dazwischen. Ich verrate dir, was schiefgelaufen ist, was ich ändern musste, was ich probiert habe, wo ich gescheitert bin und natürlich auch, was bei mir, aber auch bei anderen funktioniert.

Es bedarf nicht viel. Es sird die kleinen, aber essenziellen Punkte, von denen ich dir ausführlich n diesem Buch erzählen werde. Sachen und Dinge, die – wie du sehen wirst – auch mit vier Kindern möglich sind. Es braucht nicht alles gleichzeitig passieren, sondern wir gehen step-by-step. Manchmal läuft es besser, dann wieder schlechter.

Eines musst du mir dafür allerdings versprechen: Lass die Übungen, die Inputs und Impu se, die ich sehr bewusst für dich ausgewählt habe, wirken. Klapp das Buch nicht einfach zu, sondern probiere sie aus! Lass dich voll und ganz auf diese Reise ein. Es ist *dein* Leben und es ist an der Zeit, es so richtig schön zu haben.

Du hast es in der Hand, du kannst es ändern! Nimm dir einen Stift und betrachte dieses Buch als dein Lebensbuch, als deinen persönlichen Gamechanger im Mama-Alltag. Gönne dir diese Auszeit, sie ist *deine* Hängematte für mehr Balance und Glitzer-Momente. Bist du bei dieser Reise dabei? Willst du dich auf die Veränderung einlassen? Bist du bereit, wieder mehr zu lachen und die wundervollen Momente zu genießen? Bist du bereit, wieder achtsamer und glücklicher im Umgang mit deinen Kindern und deinen Mitmenschen zu sein? Ja? Dann lass uns starten! Denn wir wissen: Eine glückliche Mama ist eine gute Mama.

Ich freue mich auf unser gemeinsames Abenteuer.
Deine Verena

1. DIE HERAUSFORDERUNGEN IM MAMA-ALLTAG

Denke mal fünf, acht, zehn oder fünfzehn Jahre zurück. Ist dein Leben so, wie du es dir vorgestellt hast? Hast du es dir so erträumt?

Bist du so, wie du es dir gedacht hast? Bist du die Mutter, die du sein wolltest? Oder an wen erinnert dich dein heutiges Ich?

DAVOR

»Wie in Gottes Namen schafft sie das?«, frage ich mich, bevor ich gedanklich zwischen dem vor mir liegenden Wochenende und dem letzten hin und her springe. Was ist mir wichtiger: ein paar Tage in München oder die Bekanntschaft von der großen Sport-Feier, in die ich am vergangenen Samstag durch Zufall hineingeraten bin? An dem Abend hat die ganze Stadt »Wir sind Meister!« geschrien. Soll ich Großstadtluft mit bayrischem Flair schnuppern oder insgeheim doch schauen, ob er tatsächlich so nett ist, wie es beim ersten Eindruck schien?

»Hörst du mir überhaupt zu?«, holt mich meine Freundin zurück in die ratternde Straßenbahn. Der Wagon ist fast leer, verzweifelt sitzt meine ehemalige WG-Mitbewohnerin Silvie neben mir. »Ich habe mit dem allen nicht gerechnet, ich dachte, es ist leichter, andere haben doch auch Kinder«, sagt sie. Große strahlend blaue Augen, eine kleine Stupsnase, hohe Wangenknochen und volle Lippen – Silvie war schon in unserer Schulzeit der Schwarm aller Jungs. Doch im Moment wirkt sie ziemlich mitgenommen. Der Glanz, das Strahlen, der Teint ... alles ist weg. Stattdessen sehe ich ihre zerwühlte Frisur, ihre Augenringe und ihren zweifelnden Blick. »Es ist alles so anders. Mein Leben ist so anders. Es hat sich viel getan, seit die Kleine auf der Welt ist. Vieles steht Kopf. Nichts ist mehr gleich.«

Ich höre ihr zu, doch für mich sind ihre Gefühle, ihre Sorgen, ihre Ängste in diesem Moment so weit weg. »*Ja, ich merke es, wie du dich immer weiter von dir selbst entfernst*«, *will ich kurz einwerfen, halte mich aber zurück. Salz in die Wunde tut nie gut.*

»*Thorsten ist viel beschäftigt, er ist oft weg. Für ihn ist es einfacher. Ich bin mit der Kleinen viele Tage und noch mehr Abende alleine.*« *Ihre blauen Augen bekommen einen feuchten Glanz. Eine kleine Träne kullert langsam über ihre Wange.* »*Ich fühle mich zerrissen. Leidet die Kleine, weil ihr Vater so wenig da ist und ich noch mein Studium zu Ende mache? Kümmere ich mich zu wenig um sie? Kümmert er sich zu wenig um sie? Egal, wie ich es plane, für mich selbst bleibt so oder so keine Zeit mehr. Außerdem müsste ich bald eine wichtige Arbeit abgeben. Keine Ahnung, wie ...*«

Ich habe Silvie schon immer bewundert, und obwohl die Augenringe so groß wie noch nie sind, ist Silvie für mich ein Phänomen. Wie in Gottes Namen macht sie das alles? Wie wuppt sie das alles mit der Kleinen, dem flüchtenden, immer um Ausreden ringenden Thorsten und dazu noch ihrem bevorstehendem Studienabschluss? Wie schafft sie das und hat obendrein ein so entzückendes zauberhaftes Mini-Menschlein? Silvie ist genauso alt wie ich, und Luise ist gerade einmal ein Jahr. Lu, wie ich sie liebevoll nenne, ist wahrlich ein Sonnenschein. Die blonden Haare beginnen gerade länger zu werden, sie kringeln sich ein wenig. Und sie lächelt nahezu immer, wenn sie mich sieht.

Aber ehrlich, für mich wäre das nichts. Immer da sein, immer umsorgen, immer trösten. Mal ganz abgesehen davon, dass mir sowieso der passende Mann fehlt, mit dem ich mir ein Leben und Kinder vorstellen könnte. Meine letzte Beziehung – die große Studienliebe – mit länger andauernden Kalt- und Warmphasen nagt an mir. Sie hat mich verändert, es ging auf und ab und heraus kam ein Ich, wie ich es eigentlich überhaupt nicht sein will. Nach dem schrecklichen Ende sind emotionale Frostbeulen geblieben, die wohl so schnell nicht verschwinden werden.

Ich und ein Kind? Irgendwann. Vielleicht. Und wenn, dann schwöre ich – als ich Silvies blassen Teint und die zerwühlten Haare im Wagon

noch mal näher betrachte – hoch und heilig, dass ich mich als Frau trotz
Ups and Downs bei diesem Abenteuer nicht vergessen werde.
   Aha!

DIE GRÖSSTEN HERAUSFORDERUNGEN

Ich mache eine Pause von meinem alten, kinderlosen-besser-wissen-den-Tanten-Image-Ich, dem noch nicht präsenten Mann und meinen Gedanken. Eine Tatsache will ich allerdings jetzt schon festhalten: Das Gedankenkarussell dreht sich immer und überall, egal, ob wir Anfang zwanzig, älter oder noch älter sind. Im Grunde ist es unwesentlich, in welcher Lebenslage wir gerade stecken. Tja, und als Mama gibt es schöne Extras dazu: Eine Herausforderung jagt die nächste. Das Klein-kindalter, die Krabbelstuben-Auswahl, der Turnkurs, die »richtige« Schule, der Schulstress. Und immer dabei der Spagat zwischen Mama-sein und dem Erwachsenenleben.

Wie ist das bei dir? Ganz ehrlich? Was sind deine größten Heraus-forderungen im Mama-Alltag? Lass diese Frage kurz im Raum schwe-ben und denke darüber nach. Was fordert dich? Was bringt dich aus dem Gleichgewicht? Was frustriert dich?

Hier startet deine Reise mit diesem Buch. Schreibe dir deine Ant-worten auf, notiere sie hier handschriftlich. Du kannst sie auch gerne mit mir teilen – ich bin gespannt.

....

....

....

....

....

So viel vorweg: Ich kann dich beruhigen. Du bist nicht alleine. Ich bin oft und intensiv mit anderen Mamas in Kontakt. Sei es mit Silvie, Gloria, Kathrin, Christina, Billie und meinen anderen Freundinnen, mit den Ladys in meinem Mentoring-Programm oder mit meinen lieben Insta-Innies, das ist meine tolle Community auf Instagram. Es gibt nahezu keine Mama, die nicht vor einer Herausforderung steht. Und auch keinen Papa. Und auch keine Nicht-Eltern. Das ist das Leben. Das ist unser Leben.

Zurück zum Mamasein: Was macht das nur so herausfordernd? Ist es die schwierige Anfangszeit? Der wenige Schlaf? Ist es das Nicht-mehr-auf-sich-selbst-achten-Können? Der Spagat zwischen Kind und Beruf? Oder die täglich neuen Herausforderungen rund um die Themen Kita und Schule? Oder auch die Schwierigkeit, ganz schlicht und einfach den Fokus – ja, den *Fokus* – zu behalten? Im Hier und Jetzt zu sein? Die schönen Momente mehr zu genießen? Die schrecklichen Situationen relaxter zu nehmen?

Was ich gelernt habe: Die rosarote Wolke und die perfekte Familie mit ausschließlich wunderschönen Momenten, ohne Zwist, ohne Streit, ohne verschiedene Phasen (dazu später mehr), ohne Sockenchaos (dazu auch später) gibt es nicht. Wie sehr habe ich mir selbst oft die permanent harmonischen Momente aus Fernsehserien wie *Unsere kleine Farm* oder den *Waltons* und die immerzu friedlichen Szenen wie »Gute Nacht, John Boy. Gute Nacht, Mary Ellen« herbeigesehnt.

Aber nein, der Familienalltag sieht anders aus. Unserer zumindest. Derzeit bin ich permanent im Dauererklär-Modus und versuche einerseits verzweifelt die Handy-Zeiten meiner Großen zu beschränken und andererseits den kleinen Mann daran zu hindern, vom Tisch zu springen und dabei die frischen Blumen inklusive Vase mitzunehmen. »I can buy myself flowers« ist spätestens nach dem dritten Mal in der Woche auch unsexy.

Meiner Freundin Billie geht es mit ihren zwei Kindern, dem Beruf und dem perfekten Familienalltag ohne weitere Herausforderungen nicht besser:

»Mein Mann wünscht sich so sehr, dass wir am Abend friedlich zusammensitzen und wenigstens einmal am Tag zusammen in Ruhe etwas essen.

Aber das geht nicht. Ich müsste jeden Tag Nudeln kochen, damit das Essen allen schmeckt und niemand jammert. Die Kleine zappelt und zack!, kippt ein Glas um. Das Essen ist zu salzig, zu wenig süß … und das angehende Teenager-Girl kommt überhaupt nur mit Kopfhörern zum Tisch. Warum ist das immer so bei uns, warum funktioniert das bei uns nicht?«

Kennen wir alle, so oder so ähnlich, oder? Neben den schönen Szenen, die wir natürlich auch alle erleben – und die wir deshalb umso mehr genießen müssen – gibt es diese weniger schönen. Immer und überall.

ÜBERFORDERT MIT KIND

Und das nicht nur mit mehreren Kindern oder (angehenden) Teenagern. Mir ist es schon als Einzelkind-Mama so gegangen. Weit weg waren meine eigenen Versprechen von früher oder Silvies prägendes Bild in der Straßenbahn. Ich habe nichts geschafft, bin zu nichts gekommen, ständig plagten mich Gewissensbisse, ob ich wohl für den kleinen Schatz alles richtig machte. Bloß keine Fehler!

An eine Szene erinnere ich mich noch ganz genau, als ob es gestern gewesen wäre. Ich habe um halb zehn am Vormittag verzweifelt meine Mutter angerufen und ins Telefon geschluchzt: »Mama, Mama, bitte kommen!«

Eine halbe Stunde später war sie da. Die unaufgeräumte Wohnung, der eingetrocknete Kaffee, das angebissene Käse-Toastbrot und der Orangensaft vom Frühstück tags davor standen noch auf dem Wohnzimmertisch. Mahlzeit! Verzweifelt und komplett überfordert lag ich im vollgekleckerten Pyjama auf dem Sofa, neben mir mein kleiner lächelnder Sonnenschein. Stillen. Wickeln. Abpumpen.

Stillen. Bekommt der Schatz genug? Stillen. Wickeln. Mache ich alles richtig? Ich steigerte mich hinein, hatte Angst zu scheitern, war nicht mehr in der Lage, simple Entscheidungen zu treffen. Ich war unzufrieden und frustriert und mit meinem Leben komplett überfordert und musste schon damals die Notbremse ziehen.

DU BIST NICHT ALLEIN

Einatmen. Ausatmen. Wie du siehst, ist Überforderung ganz normal und kommt bei uns allen vor. Egal, ob mit einem, zwei oder mehreren Kids. Meine Insta-Innies sehen es ähnlich. Ob es kleine Dinge sind oder große, wie sie uns in den letzten Jahren mit Homeschooling und Jonglieren de luxe allen begegnet sind – im Grunde geht es oft um ähnliche Themen.

O-Ton Insta-Innies

»Ich schaffe es nicht, den Job und den Haushalt unter einen Hut zu bringen und mich dabei nicht zu vergessen.«

»ES IST SCHWER, MEINEN BEIDEN KINDERN DAS ZU GEBEN, WAS SIE BRAUCHEN.«

»MICH SCHAFFEN DIE JAUSE, DAS MITTAGESSEN UND DER KINDERGARTENWECHSEL.«

»Ich kann nur schwer die Balance halten und aus dem Strudel wieder hinausfinden.«

»DAS SCHWIERIGSTE FÜR MICH IST ES, ZEIT FÜR MICH ZU FINDEN.«

»MEINE GRÖSSTE HERAUSFORDERUNG IST DIE ALLTAGSORGANISATION MIT HAUSHALT, KINDERN UND ME-TIME.«

Ein ähnliches Ergebnis brachte auch eine Instagram-Umfrage, an der sich knapp 500 Teilnehmerinnen und Teilnehmer beteiligten. Die drei großen Mama-Sorgenthemen:

- die Kinder mit Schule, Kindergarten etc. (30 Prozent)
- die eigene Selbstfürsorge – die Akkus leuchten dunkelrot (28 Prozent)
- die eigene berufliche Situation (26 Prozent)

WARNUNG UND REMINDER

Mal ehrlich: Da sollten eigentlich die Warnleuchten anspringen. Auch die Wissenschaft und die Mediziner sagen, dass das Nicht-Kennen und das Nicht-Beachten der eigenen Bedürfnisse zu Frustration und auch zu einem Burn-out führen kann. Und obwohl auch ich das schon lange weiß und wusste und mir etwas anderes geschworen hatte, habe ich mich und meine Bedürfnisse damals mit einem Kind trotzdem aufgegeben. Ich wurde immer unzufriedener, verzweifelter und unsicherer. Unsicher im Umgang mit mir selbst, aber auch unsicher im Umgang mit meinem Kind.

Das ging schlussendlich so weit, dass ich meine Freundin Kathrin, die damals »nur« ihre Zwillinge hatte, fragte, ob sie beim Eincremen der Kinder den rechten oder den linken Fuß zuerst nimmt. »Jetzt mach aber halblang! Jetzt ist genug!«, knallte sie mir die schroffen Worte direkt in mein übermüdetes Gesicht. »Das kann jetzt nicht wahr sein! Das willst du nicht allen Ernstes wissen?!« Kopfschüttelnd fuhr sie fort: »Mir ist das komplett egal. Ich tue es einfach. Egal, ob links oder rechts. Und überhaupt, das wollte ich dir schon länger sagen: Du bist im Moment neben deiner Spur. Du lebst nicht mehr dein Leben. Wo ist Verena?« Ihre Stimme überschlug sich fast dabei. Als sie fertig war, schluckte ich. Einmal. Zweimal. Dreimal. Hätte diese Worte jemand anderer zu mir gesagt, wäre ich totbeleidigt gewesen. Aber niemand kennt meine Lage in diesem Moment besser als sie, schoss es mir durch den Kopf. Sie ist am gleichen Tag wie ich das erste Mal Mama geworden, ihre Zwillinge kamen im selben Kreissaal sechs Stunden zuvor auf die Welt. Wir hatten denselben Arzt, waren beide wegen Komplikationen nach der Geburt zehn Tage im Krankenhaus. Alle drei Kinder kamen sieben Wochen zu früh, völlig überraschend – einfach, weil sie es wollten – und obendrein auch noch am selben Tag zur Welt.

Kathrin war daher die Einzige, der ich eine solche Ansage durchgehen ließ. Heute danke ich dir von Herzen für diesen Weckruf. Für das und für viel mehr.

Bereits damals zog ich die Notbremse mit einigen der folgenden Punkte, von denen ich dir gleich mehr erzähle. Ein kleiner, aber wichtiger Reminder: Leider vergessen wir diese Punkte oft wieder und der Alltag kommt dazwischen. Wie auch bei mir. Lasst uns achtsam bleiben und genau hinsehen. Wenn du dieses Buch gelesen hast, leg es nicht einfach in die Ecke. Es ist dein Survival-Guide, der Survival-Guide für dein besseres Leben. Nimm es wieder zur Hand, besonders dann, wenn du dich überfordert und gestresst fühlst. Such dir dann die passende Übung für dich aus, um herunterzukommen und dein Leben zu leben und dein Leben zu genießen. Hätte ich das früher getan, hätte ich nicht vor meinem vierten Schatz dieses weitere unschöne Erwachen gehabt, von dem ich dir schon am Anfang des Buches erzählt habe.

Ich möchte dir zeigen, wie es *dauerhaft* und *nachhaltig* gelingen kann, sich selbst nicht aufzugeben. Gerade in stressigen Situationen, hektischen Lebenslagen und angesichts permanenter Herausforderungen ist nämlich gerade dies das A und O – dein Anker, deine Hängematte, in der du wieder zu dir finden kannst.

AKUT-MASSNAHMEN FÜR DEN MOMENT

Was tun, wenn es zu viel ist? Wenn du am liebsten schreiend alles zusammenpacken und nach Timbuktu flüchten würdest – mit einem One-Way-Ticket, versteht sich? Wenn deine Tochter schreit und dich beschimpft, weil der Dutt für den Ballettunterricht nicht passt (fünf Härchen schauen heraus), in der Zwischenzeit der kleine Junge die Schokolade auf dem beigen Wohnzimmersofa verschmiert und die Katze als Draufgabe auf die frisch gewaschene, gefaltete und sortierte Wäsche im Korb pinkelt? Ist hier alles schon passiert. Und nicht nur einmal! (Familien fühlen jetzt mit: Ein Korb mit frisch gewaschener, gefalteter und sortierter Wäsche ist Gold wert. Pures Gold wäre es, wenn sich die Wäsche noch von alleine in den Schrank hexen würde.) Diese Akut-Maßnahmen helfen in solchen Situationen, wieder Boden unter den Füßen zu gewinnen:

5 X EINATMEN, HALTEN UND AUSATMEN

Mir persönlich hilft das bewusste Ein- und Ausatmen und dazwischen das Halten des Atems sehr viel. Es erdet mich wieder und holt mich herunter. Ich wiederhole diesen Vorgang immer fünfmal. Auch die Soldaten der Navy-Seals, eine militärische Spezialeinheit, greifen auf diese bewährte Methode zurück.

KURZ DEN RAUM WECHSELN

Wir kennen diese Art von Flucht und Abstand glaube ich alle. Es tut gut, kurz wegzugehen und einen klaren Kopf zu bekommen. Dafür sind die Toilette oder die Speisekammer gut geeignet, das weiß ich aus Erfahrung.

MUSTER DURCHBRECHEN

Eine super Methode, die du gerne ausprobieren kannst. Dabei machst du bewusst – jedoch immer mit einer wertschätzenden Haltung und nicht spöttisch! – das Gegenteil von dem, was eigentlich erwartet wird. Du durchbrichst als Mama die Muster. Wenn du eigentlich schimpfen oder schreien möchtest, nimmst du die Kinder und tanzt stattdessen mit ihnen – das hilft beiden Seiten. Du machst etwas, womit niemand in diesem Moment rechnet. Auch ich setze das öfter ein. Schreien oder toben meine Kinder und sind kaum zu beruhigen, nehme ich sie bewusst ganz fest in den Arm und hole sie somit herunter. Widerstand oder Konfrontation bringen in dieser Phase nichts.

Das alles sind Kurzmaßnahmen für den regelmäßigen Einsatz. Dauerhaft hilft es natürlich am meisten, die ganze Selfcare-Sache in seinen Alltag zu integrieren – dazu später mehr. Mit der folgenden Maßnahme ist aber auch schon viel getan.

EXKLUSIVE AUSZEIT

Wenn es absolut nicht mehr geht, muss jede Mama eine solche Auszeit gerade in schwierigen und herausfordernden Zeiten einbauen. So simpel, aber für uns Mütter doch so schwer. Hand aufs Herz: Wann hattest du deine letzte bewusste, exklusive Auszeit? Nur du ganz alleine? Einsperren im Klo und so zu tun, als ob du nichts hörst, zählt jetzt nicht als exklusiv. Die Kinder für eine halbe Stunde vor den digitalen Babysitter zu setzen und währenddessen in Ruhe zu versuchen, einen Kaffee zu trinken, ebenso wenig. Denn wir wissen: Diese Ruhe ist keine exklusive Auszeit, sie ist eine Scheinpause, in der lauter Wünsche auftauchen, die irgendwie immer dann kommen, wenn Mama es wagt, kurz durchzuschnaufen. »Mama, ich bin durstig. Kann ich etwas trinken?« Für ein »Bitte« oder gar ein »Danke« fehlen die Zeit. Das hat neben Conni, Baumeister Bob, Peppa Pig oder Paw Patrol jetzt nicht Priorität. Getoppt wird diese Frage ein bisschen später nur mit der uns allen bekannten Feststellung: »Mama, ich hab so Hunger!« Und das alles natürlich zwanzig Minuten nach dem Mittagessen. (Das große Wunder: Es ist egal, ob es davor die von allen favorisierten Nudeln oder ein schonend gekochtes zuckerreduziertes Bio-Essen gegeben hat. Der Hunger schlägt spätestens um halb zwei zu, das ist garantiert.)

Tja, wie du also siehst, kenne ich das mit der »Quasi«-Auszeit und dem kalten Kaffee nur allzu gut. Unter uns: Diese Art von Auszeit ist – obwohl kalter Kaffee ja prinzipiell schön machen soll – in dem Moment vielleicht gut, aber nicht nachhaltig. Ich will hier in diesem Survival-Guide mit dir über wirklich exklusive Auszeit sprechen. Zeit, in der du ganz alleine für dich bist. Die Art von Auszeit, die du dir nur für dich nimmst. Zum Beispiel alleine spazieren gehen. Egal, ob im Wald, in der Stadt, am See oder im Park. Der vor dir geschobene Kinderwagen ist nur erlaubt, wenn dein Baby ein Zwei-Stunden-Schläfchen braucht und gerade eingeschlafen ist. Übrigens: Währenddessen mit der besten Freundin zu telefonieren und über die (Nicht)-Beziehung von Meghan und Kate zu sprechen, zählt auch nicht als Me-Time. Es geht ums tatsächliche Alleine-Sein. Alleine dasitzen. Alleine lesen. Alleine die Gedanken schweben lassen. Alleine die

Beine baumeln lassen. Alleine sporteln. Alleine Kraft sammeln. Sich auf-
laden. Den warmen Sommerregen oder die Schneeflocken genießen. Und
auch wenn ich jetzt vielleicht zu deinem Entsetzen zugeben muss, dass ich
selbst – leider oder nicht leider – absolut nicht der Warme-Sommerregen-
oder Beine-baumeln-lassen-Typ bin, hoffe ich, dass du dennoch verstehst,
was ich im Grunde damit meine.

Es geht um das Abschalten. Nicht auf tausend Dinge gleichzeitig
schauen zu müssen. So schön es ist, Mutter zu sein, so gut tut es auch, kurz
die Verantwortung ablegen zu dürfen. Mir genügen beispielsweise schlichte
30 Minuten für mich, und vieles ist gut. Ich bin belastungsfähiger, besser
aufgelegt und schnipsle sogar während meines kalt werdenden Kaffees um
halb zwei gerne fünf verschiedene Obstsorten für einen Obstsalat mit Joghurt. Wenn die Kinder wollen und die Zeit es zulässt, kann es auch vorkommen, dass wir dann spontan zu backen beginnen.

Und keine Sorge, ich bin Mama und nicht größenwahnsinnig, ich
spreche nicht von 30 Minuten täglich, das ist mit vier Kindern und einem
Babyhund sowieso nicht drin, zwei- bis dreimal pro Woche reichen zum
Abschalten, zum Kräfte sammeln. Obwohl … kurzer Stopp, bitte! In der
intensiven Zeit während der Corona-Quarantäne habe ich mir wirklich
jeden Tag meine 30 Minuten für mich genommen. Das brauchte ich. Ko-
mischerweise funktionierte das damals mit der Einteilung besser, ich war
vielleicht egoistischer und/oder habe mir das einfach zugestanden. Mein
Mann arbeitete viel von zu Hause, ich textete und beantwortete meine
Mails zu dieser Zeit nachts und am Wochenende. Wie wir alle switchte
ich durchgehend zwischen den Rollen der Lehrerin, Putzfrau, Schubladen-
Ausmisterin, Bio-Köchin und Stockbett-Klettern-Spielverderberin. Tja,
dass ich jetzt nicht die Beine-baumeln-Lasserin bin, weißt du schon. Ist
nicht so meins, ich würde mein Smartphone herausholen und das wäre
ebenso wenig zielführend. Ich liebe es beispielsweise, in meinen 30 Minuten einfach im Keller auf dem Crosstrainer zu strampeln, mich anzu-
strengen und einen Podcast zu hören. Nur ich für mich. So »beame« ich
mich kurz mit meinem One-Way-Ticket nach Timbuktu. Meine Freundin
Christina, eine sehr fürsorgliche Zwei-Kind-Mama, sitzt dagegen in ihren

30 Minuten auf der Terrasse, lässt ihren Blick schweifen und tut – gar nichts. Außer ein bisschen Leute gucken vielleicht und dazu eine Zigarette rauchen. Achtung: Eventuelle Shit-Storm-Warnung, aber sie macht es dennoch gerne. Das gibt ihr Kraft. Kathrin genießt es wiederum, in der Gala und dem dortigen Promiklatsch unterzutauchen und sich kurz aus der Wohnzimmer-Chaos-Realität zu verabschieden. Bevorzugt mit einem warmen Kaffee. Zwischen dem Klatsch und Tratsch holt sie sich ihre Kraft und lässt dabei den Zeitschriften-Stapel neben dem Sofa immer größer werden und weiterwachsen. »Für schlechte Zeiten.«

Wie du also siehst, jede von uns ist anders und das ist gut so. Wichtig ist nur, dass wir uns unsere Zeit zugestehen. Egal wie, und egal, ob mit einem oder mehreren Kindern. So, und jetzt zu dir! Was machst du gerne? Dem gehen wir jetzt ausführlich auf den Grund.

DEINE MAMA-JOYLIST

Ich finde es ganz wesentlich, dass jede Frau im Mama-Alltag eine Wohlfühlliste hat, eine Mama-Joyliste mit Punkten, Sachen und Dingen, die *ihr* guttun. Wir ticken alle anders, und es ist wichtig herauszufinden, was du für dich brauchst. Du für dich ganz alleine. Du wirst sehen, wenn du das für dich erkannt und in deinem Leben eingebaut hast, profitieren alle davon. Deine Kinder, dein Partner, dein Umfeld.

Im Alltag haben wir das eine und noch rasch das andere zu erledigen. Wir organisieren, jonglieren, wir versuchen, noch schnell einen Kuchen für den Elternsprechtag einzuschieben, für den Chef oder die Chefin noch schnell die »letzte« E-Mail ohne viele Fehler zu formulieren und das alles, obwohl wir am Limit sind. Was du magst, was dich entspannt, was du willst, das dich – außer deinen Kindern – glücklich macht, weißt du oft gar nicht mehr. Die Zeit für unsere eigenen Bedürfnisse ist irgendwie schon weit vor dem Abstillen verloren gegangen.

Hier gibt es einen simplen Trick, den du immer und überall einsetzen kannst. Erstellen wir gemeinsam deine Wohlfühlliste. Und wenn es dann einmal zu viel wird, wenn du nicht mehr weiterweißt, greif auf sie zurück. Dabei ist es wichtig, dass du dir für das Erstellen dieser Liste Zeit nimmst. Dass du dich in Ruhe hinsetzt und schaust, was dir guttut, was dich weiterbringt und was dir Energie spendet. Das ist jetzt vielleicht leichter gesagt als getan; ich möchte dir aber in diesem Survival-Guide eine simple Struktur weitergeben – diese Struktur hat mir und auch schon vielen Frauen im Zuge des Mama-Mentorings, das ich mittlerweile anbiete, geholfen. Heute verrate ich sie auch dir.

Die Elemente deiner Mama-Joyliste

- Deine Calm-Down-Playlist
- Deine Lieblingsspeise
- Selfcare – was tut dir gut?
- Inspiration: Bücher lesen
- Wohlfühlen: Sport & Fitness

SO ERSTELLST DU DEINE WOHLFÜHLLISTE

Du kannst dir die Wohlfühlliste, die Mama-Joy-Liste, selbst auf Papier erstellen oder hier herunterladen:

https://www.mamawahnsinn.com/
joylist_selflove[*]

Wichtig ist, dass du dich in Ruhe hinsetzt und dir mindestens eine Stunde Zeit nimmst, um deine Liste mit deinen persönlichen Schwerpunkten zu erstellen. Du kannst die Liste auch gerne in Etappen erstellen und dir an mehreren Tagen jeweils 15 Minuten Zeit nehmen. Finde ganz bewusst deine Ruhe zum Nachdenken und zum Notieren, denn diese Liste ist für deine Shitty Days, die wir alle kennen.

---

[*] Die Links in diesem Buch führen auf die Seite der Autorin, für deren Inhalte diese verantwortlich ist.

DEINE CALM-DOWN-PLAYLIST

Musik macht glücklich. Das ist auch wissenschaftlich bewiesen. Musik steht im direkten Zusammenhang mit Dopamin, einem unserer Glückshormone. Zudem kann Musik uns beruhigen und helfen zu relaxen.

Die Kraft der Musik

Untersuchungen des Neurowissenschaftlers Stefan Kölsch haben aufgezeigt, dass fröhliche Musikstücke die Konzentration des Stresshormons Cortisol im Blut verringern. Musik ist unglaublich machtvoll und hat eine große Wirkung auf unser Gehirn, unseren Körper und unsere Emotionen. Ein Lied kann uns zum Weinen bringen, Erinnerungen wecken, uns zum Tanzen motivieren, Gänsehaut auslösen oder extreme Freude empfinden lassen. Zusätzlich hat Musik einen Einfluss auf zahlreiche physikalische Vorgänge im Körper: Sie verändert den Herzschlag, beeinflusst die Atemfrequenz und den Blutdruck und wirkt sich auf Muskelspannung und den Hormonhaushalt aus. Die Macht der Klänge wird auch als Therapieform genutzt, um Schmerzen zu lindern, Kommunikation zu ermöglichen und Erinnerungen hervorzurufen.[1]

Wenn wir also wissen, wie machtvoll Musik ist, dann sollten wir dies auch bewusst für uns nutzen und Lieder sinnvoll in unserem Leben einsetzen. Meine persönliche Playlist ist beispielsweise mein Geheimtipp, wenn ich im Stau stehe oder auf der Autobahn fahre und meine Lieblinge im Auto »plötzlich« zu streiten oder rangeln beginnen. Ich stelle mir dann meine Musik an, einen meiner Lieblingssongs, der mich in eine andere Welt eintauchen lässt. Bei »Hotel California« sehe ich mich zum Beispiel wieder mit Anfang 20, wie ich während meines Studiums am Malibu Beach herumtrotte, im Februar die warmen Sonnenstrahlen genieße, Straßenmusikern lausche und an eine freie, leichte, wunderschöne Zukunft denke.

Dein To-do

Fangen wir mit der Liste an, erstellen wir deine Playlist, eine Liste mit Songs, die deine Laune heben. Nimm die Wohlfühlliste zur Hand und ergänze unter Punkt I deine Lieblingslieder: Lieder, bei denen du sofort innerlich zu tanzen beginnst, die dich an wunderschöne Zeiten oder einzigartige Momente erinnern, Songs, die deine Laune sofort heben. Achte hier wirklich darauf, welche Songs dir persönlich gefallen, nicht deinem Partner, deiner besten Freundin, deinen Eltern oder deinen Kindern – das ist *deine ganz persönliche Liste.*

Erstelle dir danach eine Playlist auf deinem Telefon oder in Spotify und speichere sie ein. Du kannst auch mehrere Playlists mit verschiedenen Musikarten und Musikstilen erstellen, oder sie kunterbunt durchmischen – das bleibt ganz dir überlassen. Wenn du einmal schlecht aufgelegt bist, einen Shitty Day hast, im Auto sitzt, bügelst oder kochst – steck dir die Stöpsel ins Ohr und höre deine persönliche Lieblingsmusik! Es wird deine Laune ganz bestimmt heben, versprochen.

DEINE LIEBLINGSSPEISE

Der nächste ganz wichtige Punkt ist deine Lieblingsspeise, dein leibliches Wohl. Denn Hand aufs Herz und sei ehrlich zu dir selbst: Wann hast du das letzte Mal deine Lieblingsspeise gekocht oder sie gegessen? Weißt du überhaupt noch, was dir am besten schmeckt?

Wir essen im Durchschnitt dreimal täglich größere Mahlzeiten und zweimal kleinere Zwischensnacks. Unsere Nahrungsaufnahme prägt einen großen Teil des Tages, und wir dürfen nicht unterschätzen, was das für einen Einfluss auf unser Wohlbefinden hat. Ich bin mir sicher: Wenn wir essen, was uns gut schmeckt und unserem Körper guttut, dann sind wir besser gelaunt und fühlen uns wohl in unserer Haut – und das ist unbezahlbar.

Bei mir fängt es beispielsweise schon morgens an. Wie ich mein Ei eigentlich mag, habe ich lange selbst nicht gewusst. Ich hatte am

Morgen mit meinen vier Kindern nicht den Elan, mich mit dem Gedanken auseinanderzusetzen, wie ich es haben will und hab es einfach irgendwie gegessen. Das zieht sich beim Essen eigentlich durch. Im Grunde ist mein Mamaherz happy, wenn ich den Kindern irgendwie Vitamine unterjubeln kann, es ihnen noch dazu gut schmeckt und sie nicht alle fünf Minuten jammern: »Ich bin so hungrig! Krieg ich etwas Süßes?«

An meine Essenswünsche, Sehnsüchte oder Lieblingsspeisen hab ich vor meiner Mama-Joy-Liste nicht gedacht und sie auch nicht bewusst eingeplant. Vielleicht geht es dir im stressigen Mama-Alltag auch ähnlich? Das ändern wir jetzt gemeinsam, denn ich bin überzeugt davon, dass unser Essen einen großen Einfluss auf unser Wohlbefinden hat.

Dein To-do

Hol dir wieder deine Wohlfühlliste und ergänze nach den Liedern bei Punkt 2 deine Lieblingsspeisen und deine Lieblingsgetränke.

Hier ist es wichtig, wirklich zu reflektieren, was *dir* am besten schmeckt. Nicht deinem Partner, den Kindern, einem Gourmet, sondern dir ganz persönlich. Denk an deine Kindheit zurück: Was hast du als Kind am liebsten gegessen? Ich bin mir sicher, da werden einige Erinnerungen an leckeres Essen hochkommen. Bei mir sind das zum Beispiel die Krautfleckerln, ein typisch österreichisches Gericht mit Nudeln, Weißkraut und Zwiebeln. Ich habe sie mir zur Verwunderung meiner Mama zu meinem 13. Geburtstag als Wunschessen bestellt. Diese Speise erinnert mich immer an meine Kindheit, macht mich glücklich und schmeckt unheimlich gut – und deshalb gibt es sie diese Woche bei uns. Ich freu mich immer sehr darauf. Essen ist ein Bedürfnis, Genießen ist eine Kunst.

Beginnen wir bewusst beim Frühstück:

- Wie magst du dein Ei? Als Omelette, gebraten oder gekocht (wie?), gerührt, pochiert, mit/ohne Speck … oder gar keins?

Welchen Saft trinkst du gerne? Apfel-, Orangen-, Multivitamin-, Erdbeer-, Gemüsesaft ...

Weiter geht es mit den Hauptgerichten:

- Lasagne
- Sushi
- Kaiserschmarren

Was fällt dir noch ein?

Als Nächstes kommen die Nachspeisen:

- Pudding
- Schokolade
- Eis

Langsam hast du's raus, oder?

Machen wir uns auch Gedanken über unsere Lieblingsgetränke:

- Kaltgetränke: Wasser (viel oder wenig Kohlensäure?), Eistee, Cola, Sprite, Fanta ...
- Heißgetränke: Kaffee oder Tee? Mit oder ohne Milch, Zucker, Koffein?
- Alkoholische Getränke

... und so weiter und so fort – was schmeckt *dir?*

Plane die Punkte von deiner Liste bewusst im Alltag ein, denn du solltest deine Lieblingsmahlzeiten nicht nur bei besonderen Anlässen genießen. Lass deine Kinder auch wissen, was du gerne isst. Tut echt gut und motiviert die Kids dazu, deine Lieblingsspeisen auch auszuprobieren. Lass es dir schmecken, meine Liebe! Und cheers!, falls bei den Getränken etwas Alkoholisches dabei sein sollte.

WOHLTUENDE SELBSTFÜRSORGE

Selfcare ist ein Zeichen von Selflove. Es gibt viele Gründe, warum Selbstfürsorge so wichtig ist, auf die ich in einem späteren Kapitel detailliert eingehen werde. Der Wichtigste ist: Nur, wer für sich selbst da sein kann und nicht komplett verausgabt ist, kann auch für andere sorgen. Wenn du auf dich achtest, wirst du dadurch automatisch auch eine bessere Mama, Ehefrau, Tochter und Freundin.

Dein To-do

Wir füllen jetzt gemeinsam deine persönliche Wohlfühlliste mit den Selfcare-Aktivitäten, die dir am meisten Erholung und Freude bringen. Notiere dir drei Favoriten auf der Wohlfühlliste bei Punkt 3. Wichtig ist, dass du diese drei Punkte möglichst oft in deinem Mama-Alltag integrierst. Diese Fragen können dir dabei helfen herauszufinden, was du persönlich brauchst:

- Was benötigst du gerade, um dich erholter und entspannter zu fühlen?
- Was tut dir gut? Was bereitet dir Freude?
- Woraus schöpfst du Kraft und Energie?

INSPIRATION: BÜCHER LESEN

Liest du gerne Bücher? Außer dieses jetzt? Tauchst du in andere Welten ein, oder bist du neben den Kindern, dem Alltag, dem Job einfach zu müde dafür? Auch ich bin abends fertig, doch dieses kleine Ritual hat mein Schlafverhalten, meine Nächte, meine Gedankenwelt und meine Kreativität enorm verändert: Lege das Smartphone abends bewusst weg und greife stattdessen zu einem Buch. Ideal wären zwar mehr, aber es reichen 15 Minuten, versprochen. Lass das Handy im Bad oder in der Küche und lies 15 Minuten. Du fragst dich vielleicht, warum du noch ein Buch lesen solltest, wenn es doch so viele Filme, Serien, Podcasts u. v. m. gibt. Lesen ist eine besondere Tätigkeit, die unser Gehirn in einer speziellen Art und Weise fördert.

Dein To-do

Was liest du gerne? Sind es Romane, Krimis oder Ratgeber? Hat dir jemand ein Buch empfohlen? Was lesen deine Freundinnen? Geh in die Buchhandlung, lass dich inspirieren. Schau dich um, gönn dir die Zeit und kauf dir ein Buch. Die Betonung liegt hier bitte auf *einem* Buch. Wir machen es Schritt für Schritt, sobald du fertig damit bist, besorgst du dir das nächste. Auch wenn es nur ein paar Minuten sind – gönn dir diese Zeit, in der du gedanklich in eine komplett andere Welt eintauchst.

WOHLFÜHLEN: SPORT & FITNESS

Zum gesamten Wohlfühlen, zum Rundherum gehört auch dein Körper. Auf ihn werde ich später noch mehr eingehen. Theoretisch wissen wir eigentlich alle, dass Sport und Bewegung gut für uns und unseren Körper sind. Manchmal ist es jedoch schwer, sich im Alltagsstress zu einer Sporteinheit aufzuraffen.

Dein To-do

Ist es das Training von Mady Morrison, Pamela Reif oder Laufen im Wald, Schwimmen oder Skifahren – welchen Sport magst du? Was tut dir gut? Was bereitet dir Spaß? Was hast du als Kind gerne getan? Nimm dir die Wohlfühlliste zur Hand und notiere bei Punkt 5 deine Lieblingssportarten und versuche sie ganz bewusst öfters im Alltag zu integrieren. Ist es zum Beispiel Laufen, versuche das irgendwie einzubauen. Ich nehme beispielsweise gerne zum Ballett-Unterricht meiner Töchter meine Laufklamotten mit. Anstatt zu warten, laufe ich.

SO BRINGST DU DEINE WOHLFÜHLLISTE IN DEN ALLTAG

Last but not least: Die Wohlfühlliste klingt gut, aber wenn du sie nicht umsetzt, bringt sie dir nicht viel. Das ist leider wahr. Jetzt geht`s ans Umsetzen! Ich plane die Wohlfühlpunkte (Selfcare, Sport) bewusst in meinem Alltag ein, ich schreibe sie in mein Tagebuch, in meinen Kalender und reflektiere dann, was ich geschafft habe und was nicht. Wenn ich es nicht umsetzen konnte, kritisiere ich mich dafür nicht (das nimmt bloß die Motivation), sondern plane es kommentarlos für den nächsten Tag ein.

Als Hilfe hängt ein großes Board in meinem Büro – hier sind alle meine Wünsche und für mich wichtigen Punkte mit Bildern visualisiert. Ganz oben hängt die Wohlfühlliste. Ich sehe sie tagtäglich und weiß so, was ich will und was ich nicht will. Vielleicht hilft sie auch dir und gibt dir einen Impuls, aus dem »Mama-Hamsterrad« auszusteigen.

2. PERFEKT ODER AUF DER EWIGEN SUCHE DANACH

Was ist eigentlich perfekt? Und warum haben wir tief in unserem Inneren dieses unerklärbare Verlangen danach, alles perfekt, toll, makellos, einwandfrei oder ohne Fehler zu erledigen? Ganz egal, ob es dabei um unser früheres Ohne-Kinder-Ich oder dann später um die Kindererziehung, die Begabungen unserer Lieblinge oder um Dinge wie den Geburtstagskuchen, die Frisur, das Haus, die Wohnung geht. Das Lexikon sagt uns zum Begriff »perfekt« Folgendes: »Adjektiv (im Hinblick auf bestimmte Fähigkeiten, die Ausführung von etwas), so gut, dass nicht das Geringste daran auszusetzen ist, Beispiel: eine perfekte Hausfrau.«

Schluck. Es brennt in meiner Kehle. Ich schlucke. Einmal. Zweimal. Das unbehagliche Gefühl geht nicht weg. Geprägt von meiner Kindheit, von meinen Freundinnen oder keine Ahnung wovon: Der Drang nach dem ewigen, makellosen Perfektionismus ist etwas, das bei mir – einem sonst sehr besonnenen Menschen – die Wogen höherschlagen lässt. Besonders im Zusammenhang mit dem Beispiel »perfekte Hausfrau«. Was bedeutet eigentlich perfekt? Tauchen wir zusammen tiefer in den Gedankenkakao ein, um Lösungen zu finden, wie es uns allen gelingen kann, uns von dem Willen, alles »einwand- und fehlerfrei« meistern zu wollen, zu verabschieden. Vorab möchte ich noch einwerfen, dass ich in diesem Survival-Guide ausschließlich auf den Perfektionismus rund um den Mama-Alltag, die perfekte Familie, das perfekte Zusammenleben, die perfekte Vereinbarkeit, die perfekte Mama eingehe. Dass Perfektionismus in einigen Berufssparten unumgänglich und eine Grundvoraussetzung ist, setze ich voraus. Ich möchte schließlich auch, dass mein Papa, der schon seit Jahrzehnten eine Autowerkstatt hat, die Bremsen jedes einzelnen Autos einwandfrei und perfekt repariert. Das sehe ich sogar als ein Muss an. Ähnlich ist es natürlich bei Ärzten, aber auch wenn ich neue Sachen veröffentliche und schreibe, müssen sie top recherchiert sein und sollten keine Rechtschreibfehler enthalten. Du merkst, bei der Rechtschreibung bin ich schon wieder beim »sollten«. Kleine Fehlerchen können immer passieren …

Und es gibt freilich Berufe, die bei Fehlern großzügiger sind und wo es wichtig ist, ins Tun zu kommen, anstatt alles Hunderttausend Mal zu hinterfragen. Ein »perfektes« Beispiel, bevor ich endlich auf die Familie und die Mutter eingehe, ist für mich hier Apple sowie der Großteil der Technologiebranche. Es gibt laufend Updates und Neuerungen, die die Fehler in den alten Systemen beheben. Hätte man auf die »perfekte« Version gewartet, würden wir heute noch warten. Aber zurück zu diesem Buch.

DAVOR

Denke bitte wieder an die Frage ganz vom Anfang. Hast du dir vor fünf, acht, zehn oder fünfzehn Jahren deinen Mama-Alltag so vorgestellt? Bist du die Art von Mutter, die du sein wolltest? Bist du Mutter und Frau? Oder geht das Frausein manchmal doch ein wenig verloren? Untergegangen im Stress? Jetzt halt mehr »Momlife«? Manchmal fast ein bisschen wie Frau Mayer vielleicht? Der Name Mayer ist beliebig austauschbar. Für Silvie, Gloria und mich war Isolde Mayer, die mit ihrer Familie während unserer Studentenzeit in der Nachbarwohnung wohnte, die personifizierte Mrs. Momlife. Gefangen im Alltagstrott. Wenig Glitzer, wenig Aufregung, immer das Gleiche. Oder eben so ähnlich. In der Früh auf. Frühstück für alle. Ungeschminkt und zerwühlt zum Müll. Schnell die Brotboxen fertig machen, den Kaffee im Stehen hinunterschlürfen. Die Kinder zusammensammeln. Aus dem anfangs höflichen »Kinder, kommt jetzt bitte!« wurde angesichts der knappen Zeit bald ein für alle im Stockwerk hörbares: »Kinder! Abfahrt! Jetzt!«

Zum liebenswerten, aber manchmal etwas langweiligen Mann hieß es: »Deine Krawatte ist schief. Wir sehen uns! Tschüss!« Obwohl sie alles für ihn machte, hatte sich ihr Kribbeln, ihr Feuer nach und nach verabschiedet.

Das Highlight des Jahres war immer das Schulfest des Sohnes. Da nahm sie sich heimlich Zeit für sich. Frau Mayer freute sich schon seit Wochen darauf, sie unternahmen endlich zusammen etwas, sie traf andere Leute, denen es vielleicht ähnlich ging. Andere Eltern. Andere Mütter. Andere Väter. Zum Small Talk. Ganz heimlich machte sie sich schick dafür, schicker als sonst zumindest. Vom Style her ähnlich wie wir, wenn wir Girls mit unseren damaligen Flammen oder großen Studienlieben ausgingen. »Wir bleiben immer zusammen. Und bei uns wird es nie wie bei den Mayers«, unsere Gedanken.

Frau Mayer zog ebenfalls die neue, gut sitzende, hippe Jeans an, die sie kurz davor im Sale ergattert hat. Dazu den schicken schwarzen Cardigan, Kate Moss oder ein anderes Model hatte damals einen ähnlichen, als sie in den Straßen von New York fotografiert wurde. Hach ... ein bisschen so wie Kate. Ein bisschen New York. Ein bisschen mehr Glitzer. Beim Schulfest war sie selbstbewusst, sie hat übrigens auf Teufel komm raus mit Männern, mit Frauen, mit allen geflirtet.

Für mich in der Beobachterrolle war schon damals spannend, dass sie (Frau Mayer, Frau Huber ...), sobald sie bewusst mehr auf sich selbst achtete, auch nach außen hin viel glücklicher und zufriedener schien. Wow! Isolde Mayer war Top of the Tops, und wie sie strahlte! Von Low Energie zum strahlendsten Stern beim Schulfest. »Warum tut sie das nicht einfach öfters – vielleicht dann halt nicht so extrem, Halbgas würde reichen«, haben Silvie, Gloria und ich uns damals gefragt. Mit ein bisschen innerem Glow könnte Isolde Mayer Kate und Co. sofort Konkurrenz machen. Sie tat es nur leider viel zu selten ...

DIE PERFEKTE MUTTER

Fangen wir ganz simpel und dann doch wieder sehr komplex an. Ich lade dich ein, kurz innezuhalten: Willst du eine perfekte Mama sein? Und wenn ja, zu welchem Preis? Frau Mayer, aber auf Hochglanz? Knapp zwei von zehn meiner befragten Insta-Innies wären gerne eine perfekte Mutter, der Großteil (66 Prozent) jedoch meint: »Das gibt es nicht!« Für mich ist es erstaunlich, wie sich so vieles im Laufe eines Lebens von Grund auf ändern kann. Vor fünfzehn Jahren wäre ich zum Beispiel bei dieser Frage hysterisch und schreiend davongelaufen, ohne dabei nach links oder rechts zu blicken. So vieles andere war wichtiger, interessanter, beeindruckender. Mit meinem ersten Liebling im Bauch und einigen Erziehungsratgebern auf dem Nachtkästchen hätte die Antwort folgendermaßen gelautet: »Ja! Ja, ich will! Ich will es perfekt haben!« Nun ja, bei mir sind das Leben und meine Erfahrungen dazwischengekommen und haben mich wieder auf den Boden der Realität geholt. Denn spätestens, als ich verzweifelt zwischen dem angebissenen Frühstücksbrot, dem schmutzigen, eingetrockneten Geschirr vom Vorabend und dem schreienden Baby hin- und hergerannt bin, habe ich es aufgegeben. Sind wir nicht alle ein bisschen Frau Mayer?

Perfektionismus und das Mamasein sind für mich nicht kompatibel, die Begriffe sind wie Feuer und Wasser oder wie im Moment Harry und die Royals, wenn du es so haben willst … Und dabei ist es egal, ob du ein, zwei oder, wie ich, vier kleine Lieblinge hast.

O-Ton Insta-Innies über die »perfekte Mama«

»EINE MUTTER, DIE VIEL GEDULD UND EMPATHIE HAT UND AUF AUGENHÖHE KOMMUNIZIERT.«

»Eine, die sie selbst bleibt, trotz Kindern.«

»Perfekt ist langweilig.«

»DASS DIE KINDER NIE STRESS, SORGEN UND WUT ABBEKOMMEN.«

»RUHIG UND PRÄSENT SEIN ZU KÖNNEN.«

»Liebe, Vertrauen, Verständnis.«

»Eine gute Mutter gibt ihr Bestes, darf aber auch Fehler machen und diese zugeben. Perfekt finde ich auch als Rollenmodell für Kinder schwierig. Es baut Druck auf und suggeriert, keine Fehler machen zu dürfen.«

»Zufriedenheit und viel Me-Time.«

Viele sehen es ähnlich, eine glückliche Mutter ist eine gute Mutter. Mit dem Statement, dass die Kinder nie Stress abbekommen, tu ich mir schwer. Freilich versuche ich es, aber im täglichen Miteinander bekommen die Kinder automatisch alles mit. Das ist auch der Grund, warum ich bewusst auf Trigger und Calm-Downs setze. Es geht, was geht – und nicht mehr. Und obwohl meine Mutter jedes Mal jammert, wenn sie zu Besuch kommt und die Bauklötze, Legoteile und Puppenkleider herumliegen sieht, laufe ich meinen Kids trotzdem nicht hinterher und verstaue minütlich ihr Spielzeug. Wenn es die Zeit zulässt, spiele ich lieber mit, und wir räumen am Abend gemeinsam auf. Auch gehören nicht sieben verschiedene Tortenmassen und unzählige Verzierungen zu meinem Repertoire. Ganz unter uns: Mit ein bisschen Schoko und Smarties drauf geht sogar der relativ simple Becherkuchen als wunderschöne Geburtstagstorte durch. Und wenn auch für den Becherkuchen keine Zeit bleibt, kann es die fertige Sachertorte aus dem Lebensmittelgeschäft sein. Wir haben das alles schon gehabt und erfolgreich getestet!

GIBT ES DIE PERFEKTE FAMILIE?

Nachdem wir jetzt schon die perfekte Mutter bewusst oder unbewusst madig gemacht und hoffentlich etwas am Rollenbild gerüttelt haben, möchte ich bei der perfekten Familie einhaken. Wie sieht sie aus? Welches Bild wird uns in der Gesellschaft, in der Werbung, in den Medien gezeigt? Oder besser vorgegaukelt?! Sorry, dieses Thema lässt mich emotional werden. Wenn du nach meinen Erfahrungen, aber auch nach den Erfahrungen meiner Freundinnen fragst, dann ist es das klassische Vater-Mutter-und-zwei-Kinder-Bild, das wir zu hören und zu sehen bekommen. »Ideal« oder »perfekt« ist es, wenn der Papa etwas älter als die Mama ist und sie sowohl einen Buben als auch ein Mädchen haben. Ganz klassisch. Alles andere ist schon anders, und irgendwer hat bestimmt etwas anzumerken.

Bei zwei Mädchen kann es schon vorkommen, dass der Vater belächelt wird und es zu unterschwelligen Äußerungen wie »Hast du die Socken vergessen?« kommt. Bei zwei Jungs wird die Mutter wiederum gefragt, ob sie nicht doch lieber auch ein kleines Mädchen gehabt hätte. Entsprechen du und deine Familie nicht diesem klassischen Bild, bin ich überzeugt, dass auch du schon Erfahrungen mit ähnlichen Kommentaren gemacht hast. Einzelkindfamilien, Großfamilien (also alles über zwei Kinder, oder was?) und Ein-Eltern-Familien fallen aus dem Raster. Je mehr Patchwork dazukommt, desto mehr Meinung schlägt einem oft aus der Umgebung entgegen. Auch Familien mit zwei Mamas oder zwei Papas sind davon betroffen. Meine Schwägerin hat gemeinsam mit ihrer Lebenspartnerin einen Sohn. Mama-Mami-Kind. Perfekt? Für mich ja! Wenn du solche Erfahrungen kennst, freue mich, wenn du sie mit mir teilst.

JEDER HAT EIN ANDERES RICHTIG

Was ist perfekt und wer darf sich anmaßen zu bestimmen, was tatsächlich perfekt ist? Was ich gelernt habe – und das betrifft nicht nur die Familienkonstellation – ist, dass es für jede Familie ein anderes »perfekt«, ein anderes »richtig« gibt. Das klassische Papa-Mama-zwei-Kinder-Bild hilft nichts, wenn Mama und Papa sich dauernd streiten, wenn sich der Papa über die Unordnung der Mama und die nicht gemachte Wäsche ärgert und die Mama dem Papa wiederum im Dauermodus vorwirft, keine Zeit zu haben.

Hinzu kommt vielleicht auch noch, dass die Frau bei der Freundin dies oder das sieht, sie sich selbst noch mehr in ihrer Spirale verfängt und sich hauptsächlich frustriert durch den Alltag kämpft. Die anderen und auch die eigenen Bedürfnisse nimmt niemand mehr wahr. Was ich damit sagen will?

Es gibt so viele Erscheinungsformen von »richtig« und »perfekt«. Für jede Familie, für jeden Einzelnen ist es etwas anderes. Heute passt vielleicht dies, morgen ist es wiederum anders besser. Wir dürfen uns nicht auf Kleinigkeiten und einzelne Situationen versteifen, sondern sollten unser Ideal an unsere konkrete Lebenswirklichkeit anpassen anstatt umgekehrt. Es muss für alle Beteiligten passen, jeder sollte sich (zumindest größtenteils) wohl in seiner Haut fühlen. Das Leben gemeinsam gestalten, sich in der Familie entfalten und auch wachsen zu können, das ist es, worauf es ankommt. Viel wichtiger als das ganze Drumherum – wie die perfekte Familie, die perfekte Mutter, die perfekte Wohnung, die perfekte Torte (Achtung, Metapher!) oder die perfekt gebügelte Unterwäsche – ist das Lächeln der Kinder und die Qualitätszeit mit ihnen.

Und den Kindern ist es doch im Grunde egal, wie etwas aussieht, bunt soll es halt sein. Und mit einer glücklichen Mama ist das Leben bestimmt bunter als mit einer perfekten. Das hoffe ich zumindest. Für unsere Kinder und für uns.

DEN PERFEKTIONISMUS VERABSCHIEDEN

Grundsätzlich wissen wir, dass das Streben nach Perfektionismus uns nicht immer weiterbringt und uns in Kleinigkeiten verharren lässt, die uns womöglich sogar unglücklich machen. Die so oft gesagten Worte meiner Mutter »Warum kommst du mit der Wäsche nicht nach?«, »Es sieht so schlimm aus bei euch!« oder »Du bist keine gute Hausfrau!« prallen mittlerweile an mir ab. Mein Mann und ich haben unser »perfekt« oder unser »richtig« gemeinsam mit den Kindern für unsere Familie definiert. Freilich ist es bei uns nicht so picobello wie bei meiner Mutter, aber sie hatte auch nie vier Kinder, einen Hund und zwei Katzen. Um das Ganze gelassener zu sehen, möchte ich dir hier drei Ansätze weitergeben, die ich immer gerne heranziehe und die in einer verzwickten, perfektionistischen Lage helfen können.

PERFEKT FÜR DIE ANDEREN?

Einerseits geht es darum, dass wir gerne perfekt für unser Umfeld, unsere große und kleine Familie, unsere Freunde und unsere Kollegen sein wollen, wir möchten, dass die anderen uns lieben, uns toll finden oder vielleicht sogar, dass die anderen uns bewundern. Um wieder kurz zu unserer Metapher zurückzukommen: »Wow! Deine Torten sind die besten und die schönsten!« Das A und O ist es, dass wir uns von dem in uns wohnenden Wunsch verabschieden, es allen recht machen zu können. Die Torte muss nicht nur schön aussehen, sondern vor allem schmecken – und zwar euch und vor allem dir. Oder um es mit einem anderen Bild zu beschreiben, an das ich gerne denke: Du kannst die süßeste, schönste, beste und köstlichste Marille sein. Es wird dennoch Menschen geben, die einfach keine Marillen mögen. Es muss für dich und deine Familie passen. Und egal, ob du Hausfrau oder berufstätig bist, 10, 20, 30 oder gar 60 Stunden arbeitest, es wird immer jemanden geben, der das nicht gut findet und seine Meinung kundtun wird. Fragen wir 100 verschiedene Leute, bekommen wir im überspitzten Sinne 120 Antworten.

»Ich bin selbst mit einem Kindermädchen aufgewachsen und habe mich deshalb bewusst für einen sanften Arbeitsstart und weniger Stunden entschieden. Ich weiß aber auch, dass das Konsequenzen hat«, erklärt Gloria gerne, wenn wir über dieses Thema sprechen. Vor allem auch, weil Christina es beispielsweise ganz anders macht. Sie ist Anwältin, hat zwei Kinder und ist ziemlich bald wieder voll in die Kanzlei eingestiegen. »Es geht nicht anders – wir brauchen das Geld und ich möchte up to date bleiben und nicht von meinem Mann abhängig sein«, sagt sie. Gloria und Christina – beide handhaben es ganz unterschiedlich, und bei beiden wissen es viele andere besser.

Wichtig ist, dass du dir selbst im Spiegel in die Augen schauen kannst. Auch ich habe diesbezüglich einiges lernen müssen, auch im Zusammenhang mit meinem Blog und meinem Instagram-Account. Unschöne Kommentare aus der eigenen ferneren Verwandtschaft gehörten hier leider dazu. Abgrenzen – drüberstehen – Krone richten – weitermachen!

DER ANSPRUCH AN UNS SELBST

Nehmen wir also an, wir könnten unser Umfeld und den lästigen Gedanken »Wie finden das die anderen?« in die Schranken weisen oder gar komplett ausblenden: Das wäre leider erst die halbe Miete. Ganz abgesehen von den anderen gibt es noch einen zusätzlichen Aspekt, der nicht außer Acht gelassen werden darf, wenn wir von Perfektionismus und dem hohen Anspruch sprechen. Das ist der eigene Wunsch, perfekt zu sein, unser eigener Wille, unser Verlangen, die oft so hohe Anforderung an uns selbst.

Auch ich tappe hier immer wieder in die Falle. Beruflich zwar mehr als privat, aber trotzdem. Gerade vor Kurzem musste ich bei einer Veranstaltung mit über 50 Führungskräften durch den Abend führen und moderieren. Es wäre kein Problem gewesen, wenn ich mich hätte vorbereiten können. Ursprünglich hätte ich »nur« eine Präsentation gehabt, die Organisatorin und Moderatorin ist jedoch kurzfristig (sprich 30 Minuten vor der Veranstaltung) ausgefallen und ich durfte einspringen. Es war okay, es war in Ordnung, aber ich wusste: Ich kann es besser. Und das ärgerte mich hinterher.

Was hier und auch in vielen anderen Fällen hilft, ist die Auseinandersetzung mit unserer Kritikerin. Kennst du sie auch? Hast du schon einmal beobachtet, wie du mit dir selbst sprichst? Ermahnt dich deine innere Stimme, hält sie dich zurück oder redet sie dir Schuld- oder gar Schamgefühle ein? Die innere Kritikerin ist per se nicht immer schlecht – sie kann uns vor Gefahren und künftigem Scheitern beschützen. Selbstkritik kann aber auch toxisch werden, nämlich dann, wenn die Erwartungen, die Anforderungen an uns selbst immer höher werden.

Folgen von permanenter Selbstkritik

Ständige Selbstkritik kann zu Gefühlen der Wertlosigkeit, zu niedrigem Selbstwertgefühl und sogar zu Depressionen führen. Positive Schritte in Richtung Veränderung können dann schwerer fallen, da man sich schon vor Beginn scheitern sieht. Es ist wichtig, die Balance zwischen gesunder Selbstreflexion und Selbstkritik zu finden. Die eigenen Schwächen zu kennen und sie zu verbessern, ist ein Vorteil, aber wenn Selbstkritik permanent zu negativer Selbstwahrnehmung führt, ist sie schädlich.

WORKSHEET:
Bye, bye Fräulein Rottenmeier

Lass uns gemeinsam mehr über deine innere Kritikerin herausfinden und dann zusammen resümieren. Nimm dir bitte kurz Zeit und fülle den Fragebogen aus.

Bitte bewerte folgende Aussagen von 1 (gar nicht) bis 10 (sehr stark).

Ich kritisiere viele meiner Gedanken.

1	2	3	4	5	6	7	8	9	10

Der Tonfall in meinem Kopf ist sehr aggressiv.

1	2	3	4	5	6	7	8	9	10

Ich kritisiere meine Leistung.

1	2	3	4	5	6	7	8	9	10

Ich kritisiere mein Verhalten in sozialen Kontakten.

1	2	3	4	5	6	7	8	9	10

Ich kritisiere mein Aussehen.

1	2	3	4	5	6	7	8	9	10

Ich vergleiche mich viel mit anderen.

I	2	3	4	5	6	7	8	9	10

Ich nehme meine innere Kritikerin sehr ernst.

I	2	3	4	5	6	7	8	9	10

Schreibe nun Situationen auf, in denen deine innere Stimme besonders regelmäßig auftaucht:

....

....

....

....

....

....

....

....

Schau dir deine Antworten genau an. Es ist sehr hilfreich, wenn du
deine innere Kritikerin enttarnst und auch weißt, wie mächtig sie
ist und wie oft sie kommt. Um einen guten Abstand zu dieser nör-
gelnden Stimme zu bekommen, kann dir ein Trick helfen: Gib deiner inneren Kritikerin einen Namen. Durch diese Personifizierung
kannst du, wenn du die mahnende Stimme hörst, einfach sagen, dass
das eben nur Fräulein Rottenmeier, Waldburga oder Anastasia ist.

Sie ist extrem pingelig und übervorsichtig und will dich vor möglichem Unheil schützen, du darfst aber auf ihren Rat getrost verzichten. Sprich auch gerne mit deinen Freundinnen darüber, analysiert das gemeinsam. Wenn deine innere Kritikerin sehr stark wird und sich negativ auf dein Leben auswirkt, ziehe bitte unbedingt jemanden vom Fach zurate.

REGELMÄSSIGKEIT STATT PERFEKTIONISMUS

Es gibt noch etwas, das ich hier unbedingt zum Thema Perfektionismus, Familienleben und Beruf ergänzen möchte und das dir helfen kann. Es ist der »kleine«, aber sehr machtvolle Trick der *Situationselastizität*: Druck rausnehmen und mit Augenmaß der Situation angepasst handeln.

Ich habe mir früher immer Deadlines und Fristen für das Erreichen meiner Ziele gesetzt. Gerade, wenn du selbstständig bist, ist das ja auch wichtig – einerseits. Und andererseits?

Andererseits führt das letztendlich oft zu unnötigem Stress, zu Selbstzweifeln und Panik. Wie oft habe ich mich geärgert, wenn ich Fristen nicht einhalten konnte und das Leben als Großfamilie dazwischengekommen ist. »Ich packe mir den Tag immer so voll und dann bin ich frustriert, wenn ich nicht alle To-dos, alle Kurse und Mails schaffe, weil ein Liebling plötzlich krank ist und unerwartet früher abgeholt werden muss. Mich stresst das dann zusätzlich zum kranken Schatz, und die Deadline lässt mich nicht los«, berichtet Kathrin, die mit ihrem Mann Dieter gemeinsam ein Business aufbaut. Das Zauberwort heißt auch hier »Situationselastizität«. Wir brauchen uns nicht zu versteifen, wir dürfen unsere eigenen Deadlines nachjustieren. Essenziell ist hier nur, dass wir das große Ziel nicht aus den Augen verlieren – wie das funktionieren kann, verrate ich dir später.

Wenn wir uns über uns selbst ärgern, ist das verschwendete Energie und Zeit, die wir anders viel besser nutzen können. Natürlich können (und sollten) wir grobe Fristen für unsere Ziele festlegen, um den Überblick zu behalten. Aber wir dürfen uns bewusst machen, dass es nicht darum geht, bestimmte Termine strikt einzuhalten, sondern sich Schritt für Schritt auf das Ziel zuzubewegen. Manchmal passiert das Leben einfach und Dinge kommen dazwischen, die sich nicht planen lassen. Das passiert mir auch immer wieder. Dann dürfen wir »situationselastisch« sein. Ich habe zum Beispiel aufgrund der Finalisierung dieses Buches die große Geburtstagsfeier meines Sohnes mit zehn (!) Freunden drei Wochen nach hinten verschoben. Am Tag des Geburtstags kamen nur die Familie und sein bester Freund, dafür durfte er dann später mehr Kinder einladen. Wir müssen uns nicht zerreißen. Sei geduldig mit dir selbst. Solange du konsequent dranbleibst und dein Bestes gibst, kommst du deinem Ziel sowieso näher und wirst es auf kurze oder lange Sicht erreichen.

3. SELFCARE IM MAMA-ALLTAG

Es gibt so viele wichtige und machbare Impulse, kleine Hacks, die ich dir neben der Mama-Joy-Liste vom Anfang des Buchs hier vorstellen möchte. Alles am liebsten jetzt und gleich, damit du es sofort umsetzen kannst. Damit du es für dich nutzt und es dir gleich besser geht. Ich möchte, dass sich das Gefühl des Gehetztseins, das so oft auftretende schlechte Gewissen und der innere Widerstand beim Nein-Sagen aus deinem Leben verabschieden. Weg mit dem toxischen Kryptonit! Du bist so viel mehr wert. Du bist ein tolles, einzigartiges Wunder.

Ich will, dass du weißt, was du wann nutzen kannst, damit du deine Vollkommenheit schätzen und leben kannst. Damit du aus der Spirale rauskommst und dir in schwierigen Situationen schnell selbst helfen kannst. Aber der Reihe nach. Geduld ist eine Tugend und alles auf einmal geht leider nicht. Das musste ich auch erfahren und tue es laufend.

SICHERN WIR UNS UNSERE AUSZEIT

Wenn es mir schlecht geht, wenn mich das gesamte Drumherum erdrückt, ich Ängste bekomme, ich glaube, alles nicht zu schaffen, wenn mein Kopf summt, meine Ohren sausen, ich mir wie ein Duracell-Häschen vorkomme, dann hilft eines bestimmt: Zeit für mich. Selfcare. Selbstfürsorge. Nicht nur Unterbrechung, sondern Pause.

Theoretisch sollte das doch recht simpel sein, ist es im Mama-Leben allerdings nicht. Von Frau Mayer kennen wir dieses für uns So-wollen-wir-eigentlich-nicht-werden-Beispiel schon aus jungen Jahren. Wir alle haben das Momlife in dieser Art und Weise gesehen, hineingetappt sind wir dennoch alle in diese Falle. Dabei geht es eben gerade *nicht* darum, zusätzlich zu allen Pflichten auch noch nach außen den perfekten Eindruck zu machen und Hauptsache top gestylt strahlend durchs Leben zu rauschen. Es geht um deine innere Stärke, dein Leuchten, es geht *um dich.*

Deshalb möchte ich nun – wie schon bei der Wohlfühlliste versprochen – tiefer ins Thema eintauchen.

Was ist Selbstfürsorge?

Selbstfürsorge (englisch *»Self Care«*) ist der Prozess, sich auf physischer und psychischer Ebene um seine eigene Gesundheit zu kümmern. Hierzu zählen unter anderem Ernährung, Schlaf, Körperpflege, soziale Interaktionen, Sport sowie Erholung. Regelmäßige Selbstfürsorge ist sowohl für gesunde Menschen im Sinne der Gesundheitsförderung wichtig, sie wird aber wesentlich bei physischen und psychischen Beschwerden und Krankheiten im Sinne von Prävention und der Aufrechterhaltung der Lebensqualität.[2]

Theoretisch wissen wir das ja wieder alle. Für 93 Prozent meiner Insta-Innies sind Mama-Selfcare, Selbstfürsorge und unsere eigenen Bedürfnisse »sehr wichtig« beziehungsweise »wichtig«. Du siehst das bestimmt auch so, oder?

Tja, aber! Dann grätscht das Leben dazwischen. Kennst du das auch? Ich sehr gut. Wenn ich mir vornehme, dass ich unbedingt zur Kosmetikerin (ersetzbar durch so vieles, such dir was aus …) gehen, mir etwas gönnen will, aber es nur beim Wollen bleibt. Im Büro kommt eine große Marktforschung zu den vielen anderen Terminen, Jahresgesprächen, Elternsprechtagen und Kundengesprächen dazu, ich habe keine Zeit dafür, ich muss schon wegen der auswärtigen beruflichen Termine jonglieren und um Unterstützung bitten – und dann noch wegen eines Kosmetiktermins (beliebig ersetzbar) fragen?

O-Ton Insta-Innies

Drei von vier meiner Insta-Innies kennen diese Gedanken. Es gelingt ihnen kaum oder schwer, Zeit für sich zu finden.

»Meine Tage sind im Moment zu voll.«

»Haushalt etc., mich an die erste Stelle zu setzen, fällt mir schwer.«

»Wenig Hilfe bei der Betreuung. Omas sind zu weit weg.«

»Ich habe keine Zeit für Selfcare. Ich bin zu müde, die Kinder hängen sehr an mir.«

»ICH GEBE DEN BEDÜRFNISSEN MEINER LIEBEN IMMER VORRANG.«

»ICH SCHAFFE ES NICHT, WEIL ICH MEINE BEDÜRF-NISSE IMMER AN DIE LETZTE STELLE REIHE.«

»Ich habe für nichts Nerven und bin froh, dass ich am Abend halb-wegs heil ins Bett fallen darf. Wie und wann soll ich denn bitte ne-ben dem ganzen Trubel noch zum Friseur?«, fragte mich letztens auch meine Freundin Christina – du kennst sie vielleicht noch von der Corona-Zigaretten-Kraftpause.

Wie untypisch für sie! Die trendige Frisur, die ihr früher immer so wichtig war, ist im Moment etwas rausgewachsen. Am Ansatz sieht man schon die grauen Haare, denke ich mir, halte mich aber zurück. Ich schlage meiner ehemaligen Styling-Trendmeisterin stattdessen vorsichtig einen Schnitt vor, der nicht alle sechs Wochen nach dem Friseur schreit. »Ach, lass mich!«, schnauft sie. »Ich bin von Montag bis Freitag in der Kanzlei,

um fünf verabschiede ich mich eh als Erste. Danach gehe ich schnell einkaufen und fahre heim zu den Kindern. Ich bereite das Abendessen zu,
überprüfe die Hausaufgaben, lerne mit ihnen. Sehr nervenaufreibend – für
Bruchrechnung fehlt mir echt die Geduld. Ich – ja, *ich* – habe einfach
keine Zeit für den Friseur. Ich warte auf den ›Tag of no return‹, dann gehe
ich hin.« Der »Tag of no return« ist für sie mittlerweile der Tag, an dem
sie andere charmant oder weniger charmant darauf hinweisen, genauer:
»Wenn Max oder eine Kollegin etwas sagen.« Beim Erzählen schüttelt sie
selbst ungläubig den Kopf. Max ist ihr Mann. Salz in ihrer Wunde.

SELFCARE KANN FUNKTIONIEREN

Wie geht es trotzdem, wie kann Selfcare im vollgepackten Alltag dennoch
funktionieren? Zurück zu meinem Kosmetik-Termin (beliebig ersetzbar).
Wir haben den Kopf nicht frei und sollen dann auch noch auf uns achten?
Echt jetzt? Ja, ja und nochmals ja! *Gerade* dann! Es ist nämlich die Zeit,
die wir uns schenken, die uns so viel zurückgibt. Um die Person zu sein,
die wir gerne sein möchten, und die liebevolle und tolle Mama, die unsere
Kinder voll und ganz verdienen, müssen wir noch bewusster und intensiver auf unsere Bedürfnisse hören und sie im Alltagsstress nicht unterdrü-
cken. Für unsere Kinder. Für unser Umfeld. Und last but not least *für uns*.

In Bezug auf das »auf sich achten« habe ich einiges von meiner
Freundin Gloria gelernt. Zusammen waren wir in unserem Vor-den-
Kids-Leben mit Silvie Party-Queens, wir waren überall unterwegs. Wir
haben im Alter von 18 bis fast Mitte 20 regelmäßig unsere Wohnungen
ausgeräuchert, um besseres Karma bei unserer damaligen Männerwahl
zu bekommen. Ob's gewirkt hat? Anfangs nicht, aber immerhin ist
Gloria mittlerweile auch verheiratet (ich durfte die Trauzeugin sein)
und eine liebevolle und sehr fürsorgliche Mama eines tollen Sohns.

Ihre Mama-Reise war wie bei uns allen ein Prozess, ihrer war allerdings
für mich – neben dem von Silvie – besonders spannend zu beobachten.
Sie ist von der überbesorgten Einzelkind-Mama, die ausschließlich die Bedürfnisse ihres entzückenden Sohnes Pauli in den Fokus gestellt hat, zu
einer der smartesten Mütter herangewachsen, die ich kenne. Ohne Wenn

und Aber kann sie alle meine vier Mäuse zusätzlich zu ihrem Sohn kurz- oder langfristig übernehmen, sie stresst das nicht, sie nimmt es gelassen. Sie wuppt meinen neugierigen, entdeckungsfreudigen Vierjährigen und zugleich die Großen, die mit ihr einen Kuchen backen, einen Obstsalat machen wollen und ganz ungezwungen über diverse Jungs quatschen. »Wenn du etwas für dich brauchst, etwas für dich machen willst – dann darfst du das nicht infrage stellen. Du musst das anders sehen: Das ist dein Recht«, sagt sie inzwischen. »Du und ich und wir alle, wir sind zu 180 Prozent Mutter. Wir kümmern uns zu 120 Prozent um unsere Kinder – oft viel mehr oder auch intensiver, als es unsere Eltern jemals getan haben. Wir sind für sie da, begleiten sie in den Schlaf, trösten sie, lesen ihnen vor, lernen mit ihnen, gehen auf die verschiedensten Bedürfnisse ein, sieben Tage die Woche, 24 Stunden. Wenn du etwas für dich tun willst, weil du es brauchst, weil es dir guttut, dann muss es dein *Recht* sein, dir diese Zeit zu nehmen. Obwohl du Mama bist, das ist dein Leben und du hast nur eines! Diese eine Stunde tut deinen Kindern nicht weh und dir unglaublich gut.« Als sie mir das zum ersten Mal gesagt hat, habe ich kurz geschluckt. Aus dieser Perspektive habe ich das (Mama)-Leben noch nicht betrachtet. Aber sie hat mit vielem recht. »Denk an Frau Mayer«, sagt sie.

Gloria ist – wenn wir noch mal an unsere Wohlfühlliste denken – die einzige taffe Lady, die mir bekannt ist, die nur für sich alleine ein Wiener Schnitzel brät. »Die anderen wollen keines, aber ich habe Lust darauf, und deshalb mache ich es. Wenn mein Mann oder mein Sohn eines gewollt hätten, hätte ich ihnen auch eines gemacht.« Chapeau! Gloria und ihre Ermahnung »Denk an Frau Mayer!« sind gerade beim Punkt Selfcare und wenn es um meine eigenen Bedürfnisse geht, bei vielen kleinen Entscheidungen mein Trigger. Wie ein kleines Engelchen, das auf meiner Schulter hockt und das ich dann zurate ziehen kann. »Will ich das wirklich?«, frage ich mich dann. »Ist mir der Kosmetiktermin (beliebig austauschbar) echt wichtig?« Wenn ja, dann ziehe ich es durch. Ich gebe alles für meine Familie. Ich gebe alles für meine Kinder. Und ich darf mir Zeit für mich nehmen. Nicht für meine Arbeit. Nicht für die Wäsche. Für mich. Aus. Schluss. Basta.

Und ganz ehrlich, Gloria (und nicht nur sie) versteht, wenn ich sie bitte: »Könntest du mir mit meinen vier Lieblingen helfen? Ich muss zur Kosmetikerin.«

SELFCARE IM ALLTAG: DAS HILFT DIR

Was für mich noch ganz essenziell ist und was ich dir unbedingt in diesem Buch mitgeben will: Wahre Selbstfürsorge besteht nicht nur aus Schaumbädern und Schokokuchen und eben auch nicht aus einem Kosmetiktermin oder einem Besuch am Sehnsuchtsort deiner Wahl. Ab und zu vielleicht, aber es ist viel mehr die Entscheidung, die Erfüllung der eigenen Bedürfnisse ins Leben einzubauen. Zu sich selbst neben 24/7 für die Familie auch »Ja« zu sagen. Für deine Strahlkraft. Für dein Leben. Nach innen und nach außen. Du wirst staunen, was das mit dir macht. Du weckst damit deine Potenziale.

Ich liebe meine Kinder, meinen Mann und unser chaotisches Leben in der Großfamilie über alles, ich bin auch gerne für sie da, ich gebe mein Bestes, damit es ihnen gut geht. Aber trotz allem muss ich – oder besser: müssen *wir Mamas* – darauf achten, dass wir uns dabei nicht vergessen.

Also, du Liebe, nehmen wir es in die Hand, achten wir auf uns, wecken wir deine Strahlkraft! Ich gebe dir hier die wichtigsten Punkte, die dir im Mama-Alltag helfen können, Selfcare zu üben und deine Potenziale zu leben. Denn vergiss nicht: Es ist *dein* Leben!

ZEIT, DIE DIR KRAFT SCHENKT

Schaff dir im Alltag bewusst Zeiten, in denen du durchschnaufen und runterkommen kannst. Entweder in der Früh, untertags oder am Abend. Ich habe zum Beispiel meine Morgenroutine, die mich zu Beginn des Tages Kraft sammeln lässt. Kathrin nimmt sich morgens Zeit für ihren Tee, das braucht sie. Billie nimmt sich die Auszeit mit dem Hund. »Das ist der indirekte Grund, warum wir einen Hund haben. Ich nehme ihn dreimal am Tag und gehe eine Runde mit ihm. Diese Runde bringt mir fast mehr als ihm, und ich bekomme Abstand zum Teenager-Trubel«, gesteht sie. Egal, wen ich beobachte und frage, jede glückliche Mama tut auch etwas für sich. Und dabei ist es ganz egal, was es ist – vielleicht hast du es dir schon auf der Wohlfühlliste notiert. Ideal ist es, wenn es etwas ist, was du problemlos und regelmäßig im Alltag integrieren kannst. Ob schreiben (damit du deinen ganzen Ballast au dem Papier loswirst), malen oder zeichnen (kann sehr beruhigend wirken), lesen, kochen, backen, Sport, meditieren oder ganz simpel einfach nur lachen, den Moment genießen. Sorge dafür, dass du es öfter machst!

TU DIR ETWAS GUTES

Mit vier Kindern ist es ein Balanceakt, du weißt es schon, aber wenn ich es wirklich will, wenn ich es wirklich brauche, funktionieren meine Beauty-Dates. Eine Stunde Wellness oder Kosmetik – das kann Kraft und vor allem eine Pause vom Alltagstrott geben. In der *Gala*, in den Zeitschriften zu schmökern, einen warmen Kaffee zu trinken (die Betonung liegt auf warm), sich auf den neuesten Stand zu bringen, was in der Promi-Welt gerade passiert.

EIN VOLLBAD FÜR DICH ALLEINE

Besonders im Winter oder nach einem stressigen Tag mache ich das sehr gerne. Ich sage der Familie kurz Bescheid, lasse mir ein Vollbad ein, zünde Kerzen an, gebe Badezusatz in die Wanne, schalte Entspannungsmusik mit binauralen Beats ein und sperre die Türe zu. Binaurale Beats können uns helfen, unseren Körper, unseren Geist zu entspannen und nehmen den Stress. Im Netz findest du ganz viel. Nach 15 Minuten öffne ich die Tür wieder und die Kinder können herein. In der Zwischenzeit lese ich gerne ein Magazin oder starre einfach sinnlos an die Badezimmerdecke. Herrlich!

ALLEINE EINKAUFEN GEHEN

Ich weiß, es ist ein Streitpunkt in der Insta- und Empowerment-Welt und nach der Wohlfühl-Badewanne ein heftiger Punkt. Doch was kann ich mit vier Kindern dazu sagen? Alleine Einkaufen ist für mich als Vierfach-Mama Luxus und eine kurze Auszeit. Ja! Ohne Punkt und Komma. Und nein, damit sind jetzt nicht die Mariahilfer Straße in Wien, der Kurfürstendamm in Berlin oder meine Lieblingsboutique in Udine gemeint – es geht um das stinknormale Lebensmittelgeschäft um die Ecke oder im Nachbarort. Nachdem ich im Corona-Normalfall die Einkäufe immer mit allen vier Lieblingen auch inklusive Masken erledigt habe, tut das Alleine-in-das-Geschäft-Gehen echt gut. Ich kann mir in Ruhe einen Tee aussuchen, darf schauen, was ich mag, ich stöbere und brauche bewusst länger als sonst. Ich habe auch bei meinen Insta-Innies nachgehakt, 59 Prozent sehen es wie ich. »Alleine Einkaufen ist Luxus«, schrieb mir daraufhin ebenfalls eine dreifache Mama, die gerade schwanger ist. »Wir müssen uns im Alltag die kleinen Dinge nehmen und sie feiern. Sonst würde ich vieles nicht schaffen«, meint sie.

GRENZEN SETZEN UND DEN WEIBLICHEN ZYKLUS BEACHTEN

»Halt, Stopp! Bis hier und nicht weiter.« Wir müssen unsere eigenen Grenzen kennenlernen und sie täglich neu ausloten. Wenn du mich fragst, ist das eine der hinterhältigsten Herausforderungen im Mama-Alltag. Täglich. Wie viel geht noch? Schaffe ich das? Was wir dabei leider zu oft vergessen, ist, dass unsere Belastungsfähigkeit von so vielem abhängig ist. Wir gehen davon aus, dass jeder Tag gleich ist. Wenn wir etwas gestern oder letzte Woche leicht geschafft haben, glauben wir, dass uns das heute auch gelingen muss. Tut es das, nehmen wir es als selbstverständlich hin, tut es das nicht, sind wir frustriert.

Unsere Energie und unsere Kraft und damit verbunden auch unsere Laune hängen von so vielem ab. Vom eigenen Schlaf, vom Mond und auch ganz viel vom weiblichen Zyklus. Oft gelingt mehr, manchmal wieder weniger. Es ist wichtig, dass wir uns mit uns auseinandersetzen, reflektieren, uns selbst besser kennenlernen und wissen, wie wir wann ticken, um dann zu reagieren und unsere Grenzen zu setzen.

Nachhaken und tiefer eintauchen möchte ich hier vor allem beim Phänomen des weiblichen Zyklus'. Dieses Thema ist mächtig und enorm wichtig für dich, wenn du dein bestes Leben leben willst. Wenn du das Thema verstehst und für dich durchdringst, kannst du sehr viel für dich, dein Leben und dein gesamtes Umfeld tun. Der Zyklus ist ein Mysterium, ich habe erst 40 Jahre alt werden müssen, um mich intensiver damit auseinanderzusetzen. An dieser Stelle möchte ich von Herzen Christine Karall danken, von der ich viel gelernt habe. Sie ist Meditationslehrerin und unterstützt mich mit ihren Inputs in meinem Mama-Mentoring-Programm.

Begonnen habe ich ganz einfach mit einer kurzen Zyklus-Reflexion in meinem Tagebuch. Nichts Aufregendes, ganz easy. Ich habe meinen Zyklustag notiert und dazugeschrieben, wie ich mich im Allgemeinen fühle und was an diesem Tag besonders ist. Wie geht es mir? Bin ich müder als sonst? Habe ich mehr oder weniger Energie? Bin ich hungrig? Was mag ich? Was mag ich nicht? Bin ich sensibel? Gut drauf? Lasse ich mich schnell ablenken? Bin ich fokussiert? Bin ich genervter als sonst? Hinterfrage ich viel? Wie geht es mir mit dem Haarausfall, Kopfschmerzen, Nachtschweiß …

Wenn du das für dich über einen längeren Zeitraum beobachtest, wirst du bemerken: Vieles und viele Stimmungslagen wiederholen sich, sie sind zyklisch. Das Machtvolle daran ist: Du kannst diese Aufzeichnungen, dieses enorme einzigartige Wissen über dich super *für* dich nutzen und deine »geheimen Infos« bewusst im Alltag einsetzen, um dein Leben zu optimieren.

Ich bin beispielsweise am 6. Zyklustag in Bezug auf das Aufräumen oder Putzen ziemlich motiviert. Ansonsten kann ich mich schwer von Dingen trennen – mir kommt zu jedem Stück sofort die persönliche Erinnerung hoch – aber dieser Tag ist ideal für mich zum Ausmisten. Ich plane das bewusst ein und spare so meine Ressourcen. So muss ich mich nicht an anderen Tagen abmühen, an denen nichts vorangeht: Bei jedem Schuh fällt mir ein, wann ich den das letzte Mal getragen habe, welche Erinnerungen daran hängen. Der lange Marsch 2010 durch New York, der schöne Sommerregen, der Lauf zur Staten Island Ferry sollten nicht der Grund dafür sein, die alten Pumas im Schrank zu horten.

Weibliche Zyklusphasen nach Christine Karall

Periode/Winter/Neumond: Die Phase der Ruhe. Wie im Winter ist alles ruhig, nichts blüht. Es ist die Zeit der Reflexion und Entspannung. Diese Phase kann sich auch dunkel, traurig und einsam anfühlen. Und gleichzeitig liegen in dieser Dunkelheit die größten Schätze begraben: Intuition, Einsichten und Wahrheiten. Jetzt sollten wir uns Ruhe gönnen, Selfcare sollte hier noch wichtiger genommen werden, einfach um Kräfte zu sparen und neue Kräfte zu sammeln.

Follikelphase/Frühling/zunehmender Mond: Die ersten Knospen kommen und blühen auf. Die Zeit des Neubeginns, des Planens und der ersten Schritte. In dieser Phase kannst du dich euphorisch und motiviert fühlen, verspürst vielleicht auch eine größere Portion Leichtigkeit. Sie ist wie das erste Aufatmen, wenn du in der Frühlingssonne stehst.

Eisprung/Sommer/Vollmond: Die Zeit der vollen Blüte. Alles und jede möchte sich zeigen und Raum einnehmen. Du bist selbstbewusst und spürst mit jeder Faser deines Körpers, dass dein »Plan« aufgeht.

Lutealphase/Herbst/abnehmender Mond: Die Zeit, um Dinge zu einem Abschluss zu bringen. Loszulassen, wie Bäume ihre Blätter loslassen. In dieser Phase wendest du dich langsam nach innen. Erledigst, was zu erledigen ist, und das mit klarem Blick und scharfem Verstand.

Beobachtest du dich genauer und reflektierst du dich, dann kommen nach und nach folgende vier Phasen ans Tageslicht. Sie können mit den Jahreszeiten oder auch mit den Mondphasen verglichen werden. Die vier Phasen halten die unterschiedlichsten und unfassbar wertvollen Qualitäten und Ressourcen für uns bereit.

Ich kann Christine hier nur beipflichten. Den Frühling nutze ich beispielsweise für wichtige Projekte, die vorangetrieben werden müssen. Beim Erstellen eines neuen Kurses oder meiner neuen Website, war das genau diese Zeit, in der ich mich zurückgezogen habe und sehr konzentriert arbeiten konnte. Das ist meine intensive und kreative Arbeitszeit.

Auch die Energie, der Elan bei Vollmond oder dem Eisprung ist – wenn du darauf hörst – zu spüren. Wenn du es steuern kannst, ist es ideal, wichtige Termine in dieser Zeit unterzubringen. Mir fällt das ganz stark bei meinen Seminaren und Webinaren und auch bei Lives auf Instagram auf, wo ich im direkten Austausch mit vielen Menschen bin. Wenn ich am Tag vor dem Vollmond und am Vollmond-Tag selbst abends Veranstaltungen habe, gibt mir das mehr Kraft, als es mir nimmt. Das klingt komisch, ist aber so. Es ist keine Anstrengung, es ist Power, es laugt mich absolut nicht aus, was an anderen Tagen aber sehr wohl vorkommt.

In der Zeit vor dem Einsetzen meiner Periode und während der Blutung tut es mir wiederum sehr gut, wenn ich in mich gehe, ruhiger werde und ganz viel bewusste Auszeiten und Selfcare in meinem Alltag integriere. Mein Learning: Als ich einmal in meinem zyklischen Winter abends ein Webinar hatte, musste ich am nächsten Tag einen Fotografen-Termin absagen. Ich war fahl, ausgelaugt und hatte null Energie für frische, lustige Fotos und ausgefallenes Posen, obwohl mir das sonst eigentlich immer gelingt. Ich war einfach fertig.

Du merkst, das Thema ist bedeutsam und füllt auch schon viele Bücher. Filtere für dich das Wichtigste heraus. Jede tickt anders. Mach den Anfang und notiere dir einfach täglich deinen Zyklustag und schreib dazu, wie es dir geht. Du kannst das auch im Balance-Tagebuch machen – hier habe ich eine Vorlage zum Ausdrucken für dich. Mehr zum Tagebuch gibt es später.

https://www.mamawahnsinn.com/ tagebuch_selflove

UM HILFE BITTEN

Ein anderer ganz wichtiger Punkt, der indirekt und direkt ganz viel mit Auszeiten, deiner inneren Balance und deiner enormen Vollkommenheit zu tun hat, ist der Faktor Hilfe. Um Hilfe zu bitten, ist für mich im Mama-Leben unabdingbar, nur so kann ich in meinem Leben kleine Auszeiten oder kleine Selfcare-Einheiten schaffen. Man sollte sich über die Familie hinaus ein eigenes Netzwerk mit Babysittern und Freunden aufbauen. Was Freunde betrifft: Es ist ein Geben und Nehmen. Mein Tipp: einfach fragen. Auch ich musste das tun, muss es heute noch laufend machen.

Das hat schon damals angefangen, als ich als Zwei-Kind-Mama (zwei Kids unter zwei Jahren) in Vorarlberg war. Gemeinsam mit meinem Mann und den zwei älteren Mädchen haben wir über drei Jahre lang im Herbst und Winter zuerst in Bregenz und dann in Dornbirn gelebt. Mein zum Glück endlich gefundener Mann war beruflich dort. Alleine hätte ich das nicht geschafft. Sechs Stunden weg von daheim. Keine Großeltern in der Nähe. Mein Bruder, meine Schwägerin, meine Nichte, mein Neffe, meine alten Freunde – Kathrin mit ihren Zwillingen, Gloria mit dem kleinen Mann, Silvie – alle waren weit weg. Andere Freunde habe ich erst nach und nach dazugewonnen, am Anfang war es nicht einfach. Mein Mann war oft tagelang beruflich unterwegs, in Ungarn, in Wien, in Südtirol, einfach überall.

Ich musste mir kleine Oasen schaffen, trotz der kleinen Kinder und dem vielen Alleinsein auf mich schauen, kurze Auszeiten nehmen. Dafür brauchte ich Unterstützung und um die musste ich bitten. Es ging nicht anders. Ich hatte dieses Unbehagen in mir, es könnte mir wieder so gehen wie ein Jahr davor, als ich komplett überfordert nichts auf die Reihe bekam und alles hinterfragte. Deshalb habe ich zum Glück frühzeitig reagiert. Eine Nachbarin hat mir ein Babysitter-Netzwerk empfohlen und ich habe dort zwei entzückende junge Mädchen gefunden, die mich unterstützt haben. Ohne diese zwei wäre ich aufgeschmissen gewesen. Sie kamen nicht täglich, vielleicht zwei- oder dreimal pro Woche für ein bis zwei Stunden. Damit war mir aber viel geholfen. Und auch heute ist es nicht anders. Ohne Fremdhilfe(n) wäre es für mich nicht möglich, den Tag zu wuppen.

Ich gebe dir hier – damit du dir das auch bildhaft vorstellen kannst – einen kleinen Auszug, eine konkrete Geschichte aus dem Jetzt. Über einen meiner Arbeitstage in Wien (das ist 300 Kilometer von uns entfernt) und was das für alle anderen bedeutet. Ein Tag mit Terminen in der Bundeshauptstadt und was dann im Hintergrund abläuft. Ein kleines, aber sehr wichtiges Detail am Rand: Kathrin hat mittlerweile auch vier Kinder. Sie sind ähnlich alt wie meine Kids und ebenso drei Mädchen und ein Bub. Du wirst sehen: Man braucht ein Dorf, um Kinder großzuziehen, oder wie in meinem Fall …

4:20 Uhr: Ich stehe auf. Auch an Tagen wie diesen gibt es meine Morgenroutine. Sogar intensiver als sonst und ganz bewusst, um Kraft zu sammeln.

5:13 Uhr: Abfahrt meines Zuges in Pörtschach. Theoretisch. Praktisch fährt er ohne mich los, warum, wieso, weshalb, verrate ich bei meiner Ankunft. Ich fahre stattdessen mit dem Auto nach Klagenfurt.

5:47 Uhr: Coffee-to-go und noch schnell ein Kipferl für unterwegs (the same procedure as every time). Abfahrt Zug in Klagenfurt nach Wien.

6:00 Uhr: Das Frühstück steht bereits auf dem Tisch, die Jausenboxen und Messages mit lieben positiven und aufmunternden Worten für die Kids (Du bist wundervoll! Hab einen tollen Tag! Viel Glück beim Test!) für die Brotzeit sind vorbereitet, als die Mädchen aufstehen. Mein Mann muss nur noch ein Gebäck und Obst reinlegen. Die Messages sind übrigens einer meiner liebsten Mama-Hacks und die Girls bekommen täglich ihre Mut-Worte, auch wenn ich nicht da bin.

7:00 Uhr: Unsere Nachbarin holt die großen Mädchen dankenswerterweise ab, sie fahren mit ihr in die Schule. Die Schul- und Kindergartenfahrten von allen vier Kindern will ich an einem Tag wie diesem meinem Göttergatten nicht zusätzlich auf die Nase drücken. Vor allem auch deshalb nicht, weil es mühsam sein kann. »Bitte mich als Erstes« – »Nein, mich!« – »Immer zuerst in den Kindergarten und wir sind dann immer zu spät!« Da soll sich noch jemand auskennen? Nein, keine Sorge, auch wir haben den Überblick verloren. Bei der Nachbarin verhalten sie sich aber zum Glück anders als bei uns Eltern. (Wobei ich aber eines noch sagen oder richtigstellen muss: Alleine die zwei Wörter »zu« und »spät« sind überzogen. »Zu spät« bedeutet für meine Kinder nämlich 7:30 Uhr *im* Klassenzimmer, die Betonung liegt auf *im*. Nicht unwesentlich: Die Schule beginnt um 7:45 Uhr! Ich habe keine Ahnung, woher sie das haben. »Deine Zeit war immer so um 7:50 Uhr«, sagt Silvie heute noch.) Kurze Zeit zum Durchschnaufen. Die Kinder sind versorgt, ich im Zug, der Mann beim Lernen für eine Prüfung …

9:30 Uhr: Ich bin in Wien, gehe schnell zum ersten Termin für Working-Moms.

10:30 Uhr: Ich bin beim zweiten Termin.

11:30 Uhr: Das Dorf rückt aus: Der liebe und uns schon ewig bekannte Schulfreundinnen-Dad holt die Mini plus Freundinnen ab und geht mit den Girls in die Trampo-Welt, zuerst essen und dann hüpfen. Unsere Challenge war es, den anderen drei Kindern nichts zu verraten. Sonst hätte er womöglich alle unsere Kinder am Hals gehabt.

12:30 Uhr: Working-Moms: Dritter Termin in Wien.

13:10 Uhr: Die Schule der zwei Großen ist aus, sie gehen in den Hort, bekommen dort ein Essen. Zum Glück ist unsere Hortleitung sehr flexibel, ich kann die Tage leicht tauschen und wenn ich Hilfe brauche, sind sie da. Währenddessen laufe ich vom Naschmarkt zum Karlsplatz in die U-Bahn, fahre dann zum Hauptbahnhof und hoffe – nein, bete! –, dass ich den Zug nicht versäume. Nicht schon wieder. Insgeheim wünsche ich mir gerade zu diesem Zeitpunkt, so pünktlich wie meine Kids und mein Mann (!) zu sein.

13:25 Uhr: Es geht retour. Zum Glück. Ich hätte keine Minute später sein dürfen. Abfahrt Zug Richtung Klagenfurt, es geht wieder heim.

14:30 Uhr: Die große Maus wird vom Hort zum Singen gebracht. Sie hat nächste Woche eine große Aufführung und muss noch üben. Apropos: Sie hat sich diese Hinfahrt selbst organisiert und die Eltern einer Mitsängerin gefragt. Ich bin so stolz.

15:00 Uhr: Liebling Nummer 2, der mittlerweile auch schon im Gymnasium ist, geht mit Kathrins Zwillingen mit zu ihnen. Ein Kind mehr oder weniger, das ist Kathrin egal. Sie hat an meinen Wien-Tagen auch schon alle meine vier Kinder – zusammen dann also acht Kids – gehabt. Währenddessen holt mein Göttergatte den kleinen Mann. Parallel werden die Mini und ihre Freundinnen vom Papa der Freundin zum Erntedank-Basteln in die Kirche gebracht. Während der Zugfahrt – gerade passieren wir wahrscheinlich Leoben oder so – beantworte ich die Mails, plane vieles vor.

16:30 Uhr: Mädchen 1 wird vom Singen zum Tanzen gebracht. Ich habe schon am Vortag die Mama einer Sing-Tanz-Kollegin angerufen und gefragt, ob sie so lieb sein und meinen Liebling mitnehmen könnte. Apropos: Während meines Runs zwischen dem Naschmarkt und der U-Bahn-Station habe ich sie stark schnaufend nochmals angerufen und gefragt, ob sie nicht auch eine weitere Freundin chauffieren könnte. Der Papa des Mädchens hat verzweifelt versucht, mich zu erreichen und wollte wissen, ob ich die Taxi-Fahrten übernehmen könnte. Wie du siehst: Zum Glück geht es uns allen ähnlich.

17:00 Uhr: Mädchen 2 wird von Kathrin zum Ballett gefahren.

Der Göttergatte geht mit dem kleinen Mann zum Fußball. Die Mini-Maus wird von der Mama einer anderen Freundin vom Basteln abgeholt und zum Fußball (zu Papa und Bruder) gebracht. Ich sitze gerade noch im Zug und kann nicht helfen.

17:30 Uhr: Ich komme in Klagenfurt an, fahre zum Ballett und *hole Sushi für alle.* Und *jaaa,* genau das Sushi war der Grund, warum das Auto in Klagenfurt sein muss. Planung ist die halbe Miete.

Fazit: Ommmm … Für ein Kind braucht man ein Dorf, für vier eine Kleinstadt. Ohne Hilfe geht einfach nichts. Über den eigenen Schatten springen, loslassen, organisieren und trotzdem emotional dranbleiben müssen wir aber alle. Und reden, fragen und im Gegenzug Hilfe anbieten auch.

SELBSTFÜRSORGE: WAS PASST ZU MIR?

So, meine Liebe, jetzt einmal kurz genug von mir und meinen Storys. Jetzt möchte ich mit dir ins Tun kommen. Es gibt unendlich viele Möglichkeiten und ich möchte dich nicht mit Ideen überschütten, sondern einen ganz anderen Ansatz wählen. Du weißt selbst bestimmt ganz genau, was dir guttut. Ich möchte hier und jetzt dein »Selbst-Bewusstsein«, also deine Aufmerksamkeit für dich selbst, etwas wecken. Beobachte, was in deinem Inneren passiert, und nimm deine Gefühle bewusster wahr.

Selbstfürsorge kann in verschiedene Ebenen unterteilt werden: die körperliche, emotionale, kognitive, soziale und spirituelle. Du brauchst dich nicht um alle gleichzeitig zu kümmern. Das soll auch gar nicht überwältigend wirken, aber mir ist wichtig, dass du spürst und begreifst, wie umfassend Selfcare ist. Hier findest du die verschiedenen Ebenen, schau sie dir Punkt für Punkt an, nimm dir kurz Zeit, reflektiere sie für dich. Setzt du sie bereits um? Dann ein dickes, fettes

Chapeau an dich! Notiere dir, wie es dir damit geht, schreibe aber auch dazu, was du konkret verbessern kannst, um auf dich und deine Bedürfnisse zu achten.

KÖRPERLICHE SELBSTFÜRSORGE

Achtest du auf die Signale deines Körpers? Nimmst du sie wahr? Isst du regelmäßig oder eher unregelmäßig? Ernährst du dich gesund?

Treibst du Sport? Integrierst du bereits körperliche Aktivitäten, die dir Freude bereiten? Entspannst du dich genug? Gönnst du dir im hektischen Alltag Pausen? Bleibst du im Krankheitsfall daheim oder gehst du krank zur Arbeit? Wie steht es mit Vorsorge-Terminen beim Gynäkologen, Zahnarzt etc.?

Jetzt du: Lies dir die Punkte in Ruhe durch. Wo bist du schon gut dabei, was kannst du hier verbessern, um dich stärker um deine körperliche Selbstfürsorge zu kümmern? Wie stehst du zu den Fragen? Wie fühlst du dich? Welche Änderungsmöglichkeiten fallen dir spontan ein, wo müsstest du länger überlegen? Notiere dir deine Gedanken zu den Fragen.

....

....

....

....

....

EMOTIONALE SELBSTFÜRSORGE

Nimmst du deine Gefühle wahr? Bist du in der Lage, sie dir selbst gegenüber zu identifizieren und sie zu benennen? Kannst du deine Gefühle ausdrücken, oder unterdrückst du sie? Wie gehst du mit Ärger, Wut, Trauer, Liebe, Freude, Heiterkeit oder Humor um? Verbringst du Zeit mit anderen Menschen, Freunden? Achtest du auf deine sozialen Kontakte? Pflegst du deine wichtigen persönlichen Beziehungen?

Suchst du dir Möglichkeiten zum Lachen oder zur Lebensfreude? Bindest du sie bewusst im Alltag ein? (Denk an deine Wohlfühlliste!) Nimmst du dir Zeit für dich?

Jetzt du: Lies dir die Punkte in Ruhe durch. Achtest du darauf? Nimmst du dir Zeit für dich? Kannst du *genießen*? Was kannst du hier verbessern, um dich stärker um deine emotionale Selbstfürsorge zu kümmern? Notiere deine Punkte.

....

....

....

....

....

KOGNITIVE SELBSTFÜRSORGE

Nimmst du dir Zeit zum Nachdenken, zum Reflektieren? Schreibst du Tagebuch? Achtest du auf deine eigenen Gedanken, deine Meinung und deine Haltungen? Darauf, wie du mit dir selbst sprichst? Fällt es dir schwer, dich selbst zu loben? Bist du manchmal auch stolz auf dich? Klopfst du dir insgeheim auf die Schulter? Ganz so, wie du es selbstverständlich bei einer lieben Freundin machen würdest? Bist du offen für Neues? Für neue Gedanken? Neue Ideen? Kennst du deine persönlichen Glaubenssätze und weißt du, wie du mit negativen Glaubenssätzen am besten umgehen kannst?

Jetzt du: Lies dir die Punkte in Ruhe durch. Nimmst du dir Zeit zum Nachdenken, zum Reflektieren? Was kannst du in diesem Bereich tun, damit du dich besser um dich selbst kümmerst? Schreibe dir deine Punkte und Lösungen auf. Was kannst du tun, um deine kognitive Selbstfürsorge zu verbessern?

....

....

....

....

....

SOZIALE SELBSTFÜRSORGE

Bist du regelmäßig mit deinen Freunden, mit anderen Menschen zusammen? Pflegst du deine sozialen Kontakte? Triffst du andere Menschen? Erlebt ihr gemeinsam etwas? Kannst du Konflikte ansprechen und klären, oder fällt dir das schwer? Kannst du anderen Menschen verschiedene Aspekte deiner eigenen Person zeigen oder gelingt dir das nicht so gut? Wie bist du im Umgang mit anderen Menschen?

Jetzt du: Reflektiere die Fragen in Ruhe. Wie geht es dir dabei? Ob gesellig oder eher introvertiert – das ist egal. Wichtig ist es, dass du dich wohlfühlst – wie geht es dir dabei? Schreibe dir deine Lösungen auf. Was kannst du unternehmen, um deine soziale Selbstfürsorge zu verbessern? Alles ist gut. Nichts muss.

....

....

....

....

....

SPIRITUELLE SELBSTFÜRSORGE

Räumst du deinen persönlichen Werten einen eigenen Platz im Leben ein? Nimmst du sie ernst? Nimmst du sie wahr? Bist du ein dankbarer Mensch? Wie drückt sich das bei dir aus? Notierst du dir manchmal Punkte, für die du dankbar bist? Versuchst du Optimismus, Hoffnung und Vertrauen zu pflegen oder ist dir das nicht so wichtig? Bist du offen für neue Inspirationen? Meditierst du gerne? Hast du es schon einmal versucht?

Kannst du in der Natur Kraft tanken?

Jetzt du: Lies dir die Punkte in Ruhe durch. Achtest du darauf? Nimmst du dir Raum für deine spirituelle Selbstfürsorge? Was kannst du hier verbessern, um dich mehr um dich zu kümmern?

....

....

....

....

....

....

Wenn wir die verschiedenen Ebenen kennen, fällt es uns leichter, uns durch bewusste Selfcare-Rituale auf einen bestimmten Bereich zu konzentrieren, der unser Wohlbefinden deutlich verbessern kann. Lies dir deine Antworten in Ruhe durch, überlege, was du wo verbessern kannst und integriere es in dein Leben. Für mehr Glitzer und Balance – du wirst es merken. Versprochen.

Achtung: Solltest du nicht weiterkommen oder dich ein gewisser Punkt der Liste belasten, scheue dich nicht, um Hilfe zu bitten – probiere es mit Freundinnen, denen du vertraust und die sich deiner Meinung nach in dem Bereich leichter tun. Ist der Punkt für dich dennoch ungelöst und belastet er dich, ziehe Expertinnen oder Experten zurate, die dich konkret unterstützen können.

4. DIE MULTITASKING-FALLE

»Wow! So musst du einmal nach einer Schwangerschaft aussehen«, sagte mir meine große Studienliebe, als wir eine wunderschöne Mama mit ihren Kindern im Bad beobachteten. Wunderschöne Frauen haben ihn im Laufe unserer Beziehung immer interessiert. Ziemlich verliebt (oder besser naiv) lächelte und nickte ich und verschloss die Worte, die einen stechenden Schmerz verursachten, in mir.

Der Traum aller Männer: die wunderschöne Wunderwuzzi-Powerfrau. Wir kennen sie alle, und obwohl wir es vielleicht nicht gleich zugeben würden, bewundern wir sie manchmal insgeheim sogar für ein oder zwei Details. Diese wunderschöne Wunderfrau mit den dichten, schulterlangen, natürlich wirkenden Haaren (von der Sonne geküsst, eine einwandfreie Balayage). Nicht nur die Farbe und der Schnitt sind makellos, auch ihr Look ist atemberaubend. Wie sie es selbst immer so wundervoll hinbekommt, frage ich mich. Aber das ist nicht alles: Ihr Busen ist schön gewölbt – nicht zu viel, nicht zu wenig, nicht hängend, genau richtig. Wie auch der Rest dieser Frau. Kein Bauch, nirgends zu viel Haut. Sie trägt ein enges weißes Top und eine knappe Denim-Shorts. Damit ist ihre dezent getönte Haut zu sehen.

Aber das ist noch nicht Wunder genug. Sie hat acht wohlgeformte Arme, nicht zu dünn, nicht zu dick. Egal, in welcher Position sie ihre Arme hält, an keinem der acht Arme hängt auch nur ein bisschen Haut oder ist ein kleines Fettpölsterchen erkennbar. Das Wunder geht weiter. Im ersten Arm trägt sie ein kleines, entzückendes Mädchen, ein circa ein Jahr altes »Mini-Me« mit süßen blonden Kringel-Löckchen. Die Wunderfrau schmiegt die Kleine an sich, drückt sie liebevoll. In der zweiten Hand hält sie währenddessen die brandaktuelle Ausgabe der französischen *Vogue* und dazu das *Wallstreet Journal* und den neusten *The Economist*, sie kombiniert Stil und Business-Know-how. In der nächsten hält sie den runden Trend-Schnuller in einer dezenten cremigen Farbe. In der vierten Hand balanciert sie einen Teller mit frisch zubereiteter veganer Pasta aus Hülsenfrüchten (inklusive Basilikum als Dekoration), in der fünften das neueste Notebook mit dem Apfel-Logo. Fertig? Nein, nun zeigt sie wieder mehr Mama-Realität, denn im sechsten Arm hält sie einen vollgepackten Wäschekorb (der freilich farblich auf die gestapelten und gebügelten Handtücher abgestimmt ist).

Halt! Was noch? Was ist in der siebten Hand? Hier sehen wir ein Schulheft mit einem bunten Einband. Die Wörter »Diktat«, »Rosa A.« und »2. Klasse« sind in einer noch etwas wackeligen Schrift zu erkennen. Oh, wow, jetzt kommen wir zum »Finale Grande«. Was meinst du? Was geht noch? Was hält sie in der achten Hand? Einen Glow-Coffee, einen Negroni, eine Flasche Champagner oder einen Kir Royal – oder doch eine glitzernde Wunderdroge?

Ich lasse das Geheimnis rund um die achte Hand in der Zwischenzeit noch offen und deine Fantasie spielen. Die Auflösung gibt es später.

Wie es anders funktionieren kann, brennt mir nämlich unter den Nägeln, und ich möchte es hier in diesem Buch unbedingt loswerden. Dazu aber auch später. Was ich dir *jetzt* sagen will? Unbedingt sogar? Auch wenn wir die Oktopus-Mutter insgeheim vielleicht sogar bewundern: Multitasking ist out. Und das ist, angesichts der Tatsache, dass wir Mütter ja wahrlich Multitasking-Profis sind, nicht nur einfach so daher gesagt. Das ist eine Tatsache. Leider. Gerade in der Multitasking-Mood passieren die doofsten, peinlichsten und schrecklichsten Fehler.

Letztens habe ich neben der Hausaufgaben-Kontrolle der Mäuse (mit gefühlten hundert Zwischenfragen: »Mama, wie rechnet man das? Wie funktioniert das Umrechnen des Bruches in Dezimalzahlen?«, »Mama, ich habe Durst«, »Mama, wie viel sind 7/9 jetzt in einer Dezimalzahl?«) vier falsche Rechnungen an eine Kundin geschickt. Das erste Mal war die Adresse falsch, dann die Rechnungsnummer, dann das Datum, schlussendlich das Projekt. Ja, viermal revidiert! Und nein, nicht an vier Kunden, es waren vier falsche Mails an *eine* Kundin. Die

Krönung kam zum Schluss. Beim fünften Mal schrieb ich: »Liebe Lisa! Es tut mir so leid. Mir dröhnt der Kopf, sorry für die vielen Ungereimtheiten und Fehler bei der Rechnung.« Tja, der Clou: Meine Kundin heißt nicht Lisa. Nein, sie heißt Laura. Schon immer. Auch in den vier Mails davor, die wenigstens in diesem Punkt korrekt waren. Und freilich auch die über 50 anderen Mails, die wir uns im Laufe der letzten zwei Jahre geschrieben haben.

Es ist ein Dilemma: Hier der Kuchen im Rohr, dazwischen die Wäsche, die Hausaufgaben der Kids und dann noch eine E-Mail beantworten und einen Anruf tätigen. Wie lange klappt das? Bis alles schiefläuft, beziehungsweise die unnötigsten Fehler passieren. Kennst du das auch? Bevor ich jetzt weiter eintauche und dir machbare Wege aus der Multitasking-Falle zeige, muss ich dir unbedingt noch eine Anekdote erzählen.

Diese Geschichte ist aus keinem Film, sondern tatsächlich einer meiner Freundinnen passiert:

Meine liebe Freundin Enya ist eine sehr anerkannte und erfolgreiche Professorin an einer Hochschule, sie hat weltweit viele interessante Forschungsaufträge, internationale Gastvorträge und wurde vom Bundesministerium natürlich auch schon mehrmals für ihr »außerordentliches Engagement« geehrt. Sie zieht alle in ihren Bann: so viel Ausstrahlung, so viel Charisma, so viel geballtes Wissen. Das ist aber nicht alles. Sie ist auch eine dreifache Mama. Und hier ist sie ganz normal. So wie du und ich. Sie jongliert und schaut, wie sie alles unterbringen kann: »Wer übernimmt das Ballett-Taxi?«, »Kannst du mir kurz helfen?«, »Ich kann deine Kinder heute nehmen, könntest du dann nächste Woche?«, »Ich musste heute mit B. für den Mathetest lernen.«

So, nun aber zur Geschichte, die ich dir erzählen muss: Enya bringt an einem Tag ihre Kinder in die Schule und in den Kindergarten, im Anschluss muss sie zur Arbeit. Sie beginnt bei der ersten Schule, das älteste Mädchen verabschiedet sich, Enya wünscht ihr einen schönen Tag und fährt in Gedanken bei einem wichtigen Termin, den sie um halb neun hat, zur nächsten Schule. Sie lässt ihr zweites Mädchen raus, verabschiedet sich und wünscht auch ihr einen schönen Tag und viel Erfolg beim Diktat. Sie schließt den Kofferraum, aus dem sie die Schultasche der Kleinen herausgeholt hat, und fährt weiter auf die Autobahn, um schneller beim Termin zu sein, der Verkehr ist dort ruhiger und sie spart Zeit. Nach 20 Minuten, knapp vor ihrer Hochschule, sie ist mit ihrem gedanklichen Brainstorming für den Termin schon fast fertig, kommt die böse Überraschung: »Mami, warum fährst du mich heute nicht in den Kindergarten?«, fragt plötzlich ihr Sohn, der in der Zwischenzeit seelenruhig auf der Rückbank gesessen hat. Auweia – der Kindergarten wäre in der anderen Stadt gewesen. Alles wieder zurück und den Termin verschieben … Danke für diese herrliche Anekdote, Enya! Sie zeigt nur einmal mehr, dass keine gefeit ist und es uns allen gleich geht.

DIE ZIRKUSMETHODE

Was mir zwar jetzt nicht bei meinen Mama-Taxifahrten und meinen schwirrenden Gedanken, sondern mehr im Alltag hilft, ist die Zirkusmethode, wie ich sie selbst nenne. Achtung, der Gebrauch ist auf eigene Gefahr, ich bin keine Pädagogin und habe auch keine pädagogischen Fachleute zurate gezogen. Die Zirkusmethode ist für mich aus einer Notsituation im Alltag mit Kindern heraus entstanden und ist gleichzeitig Notlösung und ein wichtiger Survival-Tipp im Familienwahnsinn, wenn akut alles zu viel wird. Mittlerweile ist sie auch ein Running-Gag meiner Kinder. »Die Mama ist ja nicht im Zirkus«, sagen die Älteren mittlerweile zu den Kleinen und lachen, wenn wieder hunderttausend Sachen anstehen und sie alles zugleich wollen. Wie die Zirkusmethode funktioniert, zeige ich dir anhand einer meiner Alltags-Episoden. Wundere dich nicht, die Geschichte ist schon etwas älter, ich hatte zu diesem Zeitpunkt »nur« drei Kids, es zeigt wiederum, wie lange sie bei uns schon im Einsatz ist.

Ich hänge gerade die Wäsche auf (und davon hatten wir schon immer viel, auch damals). Während wieder ein kleines, einsames Söckchen zwischen den Stäben durchflutscht, schreit die älteste Prinzessin (damals fünf Jahre alt) aus dem Kinderzimmer: »Mama! Mamaaaa! Kohomm! Ich brauche bitte ganz dringend deine Hilfe. Jetzt!« Auf die Frage, warum meine Anwesenheit so wichtig sei, folgt konsequentes Schweigen. Als ich nachhake und wissen will, ob sie sich verletzt hat, höre ich ein knappes »Nein!«. Gut.

Das Baby-Mädi (neun Monate) erkundet in der Zwischenzeit neben mir den Boden und das Söckchen, zu dem sich noch ein zweites (auch nirgends dazu passendes) verirrt hat. Ich lasse mich nicht aus der Ruhe bringen und hole die pinke Leggings der mittleren Maus (damals vier Jahre) aus dem Wäschekorb und merke, dass die Grasflecken noch immer da sind. Der Betroffenen selbst scheint die Problematik mit ihrer Hose im Moment schnurzegal zu sein, sie sitzt ganz ruhig am Tisch und malt ein Bild. »Dieser grässliche Grasfleck auf der Hose kann morgen in der Früh zum Pulverfass werden«, denke ich mir insgeheim und überlege, was ich machen kann. Weit komme ich dabei nicht, nach vier Sekunden werde ich aus den Gedanken gerissen. »Mamaaa! Kohomm! Bitte schnell. Jetzt!« Mein ältester Sonnenschein klingt schon ungeduldiger. Eine Antwort bekomme ich wieder nicht. Das Baby-Mädi inspiriert währenddessen eine Rassel. Sie fasst sie an, schüttelt sie, kostet sie, schüttelt sie wieder und lacht.

»Mamaaa! Kohomm! Schnell! Jetzt!« Das klingt schon fordernder, für das Bitte war keine Zeit mehr. Doch, wie soll es anders sein, Antwort gibt es wieder keine. Plötzlich wird auch der mittlere Augenstern unruhig, sie hat fertig gemalt und ist nun hungrig. Tja, und zur schönen Draufgabe hat sich das Baby beim Erkunden der Rassel selbst zu fest auf den Kopf gehauen und weint vor Schreck. »MAMAAAA! DRINGEND! JETZT!«, höre ich wieder aus dem Kinderzimmer. Ich lasse (wie so oft) die Wäsche Wäsche sein, nehme mein kleinstes Mädi auf den Arm und laufe nach oben. Dort angekommen sehe ich die große Maus mit ihrem Lieblingsbuch in der Hand in ihrem Mini-Mouse-Mini-Stuhl, sie lächelt mich an und sagt: »Mama, vorlesen! Jetzt!« Das Baby beginnt just in diesem Moment wieder zu jammern. Ihr kleines Intermezzo von vorhin ist zwar schon vergessen, aber im Kinderzimmer der älteren Schwestern liegen so viele für sie interessante (aber lebensgefährliche) Dinge, sie will hier hinunter und alles entdecken. Aber: Das ist derzeit Sperrzone! »Mama! Ich habe Hunger, komm jetzt, bitte!«, ruft inzwischen die Mittlere von unten. »Mama! Bitte vorlesen! Jetzt!«, schreit die Große. »Äh-bäääh!«, klagt das Baby-Mädi in meinen Armen. Wussaaa! Ich atme *ganz* tief ein, presse die Luft schnell durch die Nase wieder hinaus und schicke das »Jetzt« in die Pause. Zeit für die Zirkusmethode: Ich bitte meine zwei größeren Mäuse, meine Hände zu zählen. »Eins, zwei«, sind sie sich einig. Und egal wie oft sie zählen, es werden nicht mehr. Dann frage ich, was ich alles erledigen müsste: Es sind vier Sachen. Nachdem ich ihnen das (damals noch) vorrechne, erkläre ich, dass das nicht funktioniert, ich kann mit zwei Händen nicht gleichzeitig das Buch halten, das Essen zubereiten, mit dem Baby-Mädi spielen und den Papa anrufen (das wollen sie nämlich jetzt auch noch). Und hätte ich tatsächlich mehr als zwei Hände, wäre ich *die* Hauptattraktion im Zirkus. Der Nachteil: Jeder würde mich sehen wollen, ich dürfte nur einmal pro Woche heim. Das wollen sie dann auch nicht. Pädagogisch wertvoll oder nicht, darüber lässt sich streiten, aber der Zweck ist erfüllt. Und anschließend mach ich alles: zuerst das eine, dazwischen kommt natürlich ein nicht kalkulierter Klo-Gang, dann das andere, immer der Reihe nach, soweit es meine zwei Hände zulassen.

MULTITASKING BRINGT UNS NICHT WEITER

Im Mama-Alltag passieren oft mehrere Dinge gleichzeitig: Während du telefonierst und die Zahlenreihe bis 20 kontrollierst (»5 + 13?

Passt schon irgendwie ...«, denkst du) oder ein neues »Kunstwerk« bewunderst, schreit ein Kind, hat der andere Liebling Hunger, bellt der Hund und will raus. Na, Prost Mahlzeit! Wir kennen alle diese Fälle. Nicht nur »im Großen« mit absoluten Horror-Tagen und gefühlt tausend Sachen gleichzeitig, sondern sehr wohl auch »im Kleinen«. Wenn der Körper und ein Teil der Gedanken mit einer Sache beschäftigt sind, wendet sich ein anderer Teil des Gehirns oft gleichzeitig anderen Dingen zu. Was hilft dir, wie behältst du im Chaos den Fokus, ohne dich ablenken zu lassen und in die Multitasking-Falle zu tappen?

Vergiss nicht: Ein bewusstes »Nein« zahlt sich aus. Multitasking bringt uns nicht weiter, es lässt uns im Hamsterrad strampeln. Und wir strampeln so lange, bis die Gewinde rosten oder das Plastik verblichen und spröde wird. Das Leben – dein Leben – zieht vorbei, während du im immer brüchiger werdenden Rad von einer Sprosse zu nächsten hoppelst. Monoton. Immer gleich. Und diese weniger spektakuläre und eher unschöne Tatsache lässt im Endeffekt auch die Wunderfrau mit den acht Händen und dem Traum-Body alt aussehen. Alles gleichzeitig und noch mehr geht nur, wenn sie auf den roten Knopf drückt, der den Durchlauf-Modus aktiviert, und auf den Abend und ihr Glas Wein hofft oder einen Kir Royal herbeisehnt. Die eigene Präsenz im Leben zu spüren, den Moment aufzusaugen, zu genießen, das geht beim Multitasking nicht. Was hält sie nun also in der achten Hand? Ja, es ist der rote, schrille Durchlauf-Modus-Knopf, der uns alle durch das Leben hetzen und zappeln lässt, immer mit den Gedanken: »Es ist nur eine Phase«, »Es wird schon besser«.

Besser wird es allerdings nie, es kommt immer etwas anderes, immer eine neue Phase, eine neue Ausrede, eine neue Herausforderung. So ist es. Das ist das Leben. Und ganz ehrlich, im Endeffekt will niemand diesen Button in seinem kostbaren Leben haben. Du auch nicht, oder? Du kannst den Durchlauf-Modus nur stoppen, wenn du bewusst Nein! zum Multitasking sagst.

Anti-Multitasking-Tipp

Ich achte auf meine persönlichen Trigger. Wenn mir der Kopf raucht und ich mittendrin bin, stelle ich mir den roten, schrillen Button ganz deutlich vor: Stopp! Will ich alles im Durchlauf-Modus erledigen? Nein, überhaupt nicht. Dann versuche ich trotz – oder gerade wegen – meiner vier Kinder, ganz bewusst eins nach dem anderen zu machen und zu erledigen. Ich würde sonst wirklich in manchen Situationen die Nerven verlieren. Es ist eine tägliche Challenge, und Situationselastizität ist angesagt, aber wenn wir uns an ein paar Grundregeln halten, funktioniert das große Ganze um einiges besser. Zwar nicht immer, aber immer öfter.

TÄGLICHE CHALLENGE

Es beginnt bei den Gesprächen. Ich möchte, dass die Kinder ausreden dürfen, ohne dass ihnen ein Geschwisterchen ins Wort fällt. Das läuft natürlich nicht immer, aber im Grunde üben wir genau das. Und üben. Und üben. Der gegenseitige Respekt, das wertschätzende Miteinander ist etwas, das ich meinen Schatzis unbedingt mitgeben will. Gerade das zeigt sich dann auch im Alltag mit weniger Multitasking. Es fängt im Grunde beim Zuhören und gemeinsamen Tun an und ist leider auch für manche Erwachsene nicht immer klar. Mir ist es wichtig, dass meine vier Kinder diese Werte von Anfang an mitbekommen. Wir arbeiten daran. Doch was hilft noch?

EINE SELBSTVERPFLICHTUNG

Um der Multitasking-Falle zu entgehen, ist es sehr wichtig, dass du dich mit einer Art Selbstverpflichtung ganz bewusst auf dein Hier und Jetzt konzentrierst. Du kannst dir hier Trigger setzen, wie zum Beispiel ich den Button. Und egal, ob mit den Kindern oder im Job: Wenn du fokussiert bleibst und eine Sache nach der anderen machst, läuft es runder. Du fühlst dich automatisch klarer, ruhiger, gelassener, präsenter. Probiere es bitte bewusst aus, etwa beim Puzzeln mit den Kindern oder beim Arbeiten: Wenn du merkst, dass du mit deinen Gedanken oder Handlungen wegdriftest, dir ein anderer Gedanke kommt, du plötzlich noch etwas erledigen willst, du nicht wirklich präsent bist, dann hole dich wieder zurück. Konzentriere dich ganz bewusst auf das Hier und Jetzt.

Mir hilft diese Art von Selbstverpflichtung dabei, alle Aufmerksamkeit auf eine Sache zu lenken. Bewusst achtsam zu sein. Wenn du es durchziehst und konsequent bist, merkst du schon bald den wunderschönen Unterschied.

IM HIER UND JETZT MIT DEN KINDERN

Nutze diese Selbstverpflichtung auch bei den Aktivitäten mit deinen Kindern, sage dir: »Ich widme mich ganz dieser Aktivität und meinen Kindern.« Ruf bewusst keine Mails ab oder hänge eine Ladung Wäsche auf und verschwende auch keinen Gedanken an die Arbeit. (Wenn's gar nicht anders geht, mach dir eine kurze Notiz auf einen Zettel. Aber jetzt nicht grübeln!) Kein Handy. Du spürst den Unterschied schnell.

Schon beim ersten Mal, als ich diese einfache Selbstverpflichtung ausprobiert habe, habe ich gemerkt, wie viel bewusster und erfüllter der Moment ist. Es fällt leichter, das Jetzt voll und ganz auszukosten, die kleinen Dinge wahrzunehmen, die das Mama-Herz springen lassen. Es bedeutet aber auch, dass ich mir all der (mentalen) Störungen, die auftauchen, bewusst werde, sodass ich sie ausschalten und mich neu ausrichten kann.

EFFEKTIVES ARBEITEN NEBEN DEN KINDERN

Nachdem ich dieses Prinzip auf das Mamasein angewandt habe, habe ich dasselbe für meine Arbeit getan. Freilich ist es für Mütter, die im Homeoffice arbeiten, unmöglich zu sagen: »Ich werde mich ganz dieser Arbeit widmen«, wenn die Kinder herumlaufen und Aufmerksamkeit einfordern. Es ist in der Tat viel einfacher, die Arbeit für die Kinder zu unterbrechen, als umgekehrt.

Muss ich neben den Kindern arbeiten, was in den Ferien täglich vorkommt, teile ich es mir beispielsweise so ein, dass ich mich voll und ganz einer (Arbeits)-Aufgabe widme, wenn ich weiß, dass die Kids mich gerade nicht brauchen. Sonst kommt nur Frustration auf, wenn wir unterbrochen werden. Ich habe deshalb meine Verpflichtungserklärung für die Arbeit noch weiter verfeinert, indem ich mich jeweils nur *einer* Aufgabe widme, zum Beispiel dem Schreiben eines Blogbeitrages. Diese einfache Verpflichtung steigert meine Konzentration und damit meine Produktivität und verschafft mir den nötigen Freiraum für Problemlösungen und kreatives Denken. Mails, das Telefon, Social Media oder andere Arbeiten bleiben in dieser Zeit liegen.

Mit diesen eigentlich simplen Selbstverpflichtungen haben sich meine Produktivität und mein Fokus deutlich verbessert. Weniger Multitasking lässt mich nicht nur mehr im Moment, sondern auch produktiver und weniger frustriert sein. Abschließend noch ein kleiner Trick, eine kleine Übung, die du immer bewusst einsetzen kannst, wenn du merkst, die Gedanken driften ab, obwohl du es nicht willst. Mache dann eine Pause vom Gedankenchaos und hol dich zurück. Das gelingt, wenn du auf deine Umgebung und auf deine Sinne achtest. Gerade in Großfamilien hilft das bewusste Fokussieren auf das Hier und Jetzt sehr.

Mini-Achtsamkeitsübung

Schau dich um. Welche *fünf Dinge* kannst du *sehen*?
Taste, greife. Welche *vier Sachen* kannst du *anfassen*?
Höre, lausche. Welche *drei Dinge* kannst du *hören*?
Rieche. Welche *zwei Gerüche* fallen dir auf?
Schmecke. Was schmeckst du?

NEIN SAGEN

Ein weiterer wichtiger Punkt, den ich bei der Multitasking-Falle nicht auslassen, sondern ausführlich behandeln möchte, ist das Neinsagen. Nach Meinung meiner Kinder ist »Nein« mein Lieblingswort.

Bei meinen Eltern, im Beruf und bei Freunden tu ich mich natürlich schwerer. Was ich mittlerweile jedoch gemerkt habe: Seit ich meine vier Kinder und den Hund habe, fällt es mir erheblich leichter, Nein zu sagen. Routine schult einfach. Das heißt jetzt nicht, dass du auch vier Kids und einen Hund brauchst. Keine Sorge, du schaffst es schon früher.

Vergiss nicht: Du darfst deine Bedürfnisse ernst nehmen und solltest sie nicht kleinreden. Du darfst lernen, zu Dingen, die du nicht tun willst, Nein zu sagen. Du hast richtig verstanden. Du brauchst die Brötchen für den Elternsprechtag nicht vorzubereiten, wenn es für dich nicht passt. Auch dann nicht, wenn die Elternvertreterin eine liebe persönliche Nachricht schreibt und dich darum bittet.

Schenke dir selbst den Respekt und die Aufmerksamkeit, die du auch den Menschen in deiner Umgebung ganz selbstverständlich zukommen lässt. Nein zu sagen, ist eine Form von Selbstliebe. Ich weiß, es ist schwer. Und ich weiß, es kann unangenehm sein. Aber je früher du lernst, zu gewissen Dingen Nein zu sagen, desto besser ist es für dich und dein Leben. Es erspart dir Stress, Hektik und viel Gedankenchaos. Im schönen Gegenzug schenkst du dir Zeit, Respekt und ein besseres Selbstwertgefühl. Und wenn wir ganz ehrlich sind, haben wir alle oft Stress und wünschten, wir könnten unsere Aufgaben und Sorgen an andere abgeben. Aber gerade weil das nicht immer geht, **dürfen wir auch** umgekehrt nicht zu viel Ballast von anderen annehmen.

TIPPS FÜR EIN STARKES NEIN

Hier ein paar Tipps für das nächste Mal, wenn dich jemand um einen Gefallen bittet, du aber eigentlich lieber Nein sagen würdest:

- **Trau dich**. Es kann nichts Schlimmes passieren. Es wird deine Beziehung zu dieser Person nicht verändern, aber es wird dir eine Belastung ersparen.
- **Bitte um Bedenkzeit**. Sag der Person, dass du nicht sofort zustimmen kannst, da deine To-do-Liste gerade sehr überfüllt ist. Das ist

zumindest einmal kein Ja und keine Zusage. Und vielleicht fragt die Person in der Zwischenzeit jemand anderes oder übernimmt die Aufgabe selbst.

- **Überlege in Ruhe.** Geh während deiner Bedenkzeit in Ruhe die Dinge durch, die dafür und dagegen sprechen, dass du diese Aufgabe zusätzlich zu deinen persönlichen Verpflichtungen übernimmst. Wenn du keine Lust hast, diese Aufgabe zu übernehmen, sag dies höflich, aber klar und deutlich. »Es tut mir leid, aber ich muss derzeit andere Prioritäten setzen.« Niemand kann dir das übel nehmen, denn du schaust auf dich selbst und deine Bedürfnisse.

- **Du brauchst dich nicht zu rechtfertigen.** Wenn du etwas nicht tun willst, dann sagst du, dass es dir leidtut, aber dass es nicht passt. Du musst dich deshalb nicht schlecht fühlen und du brauchst dies auch nicht zu rechtfertigen oder zu begründen. Es ist dein Leben und deine Entscheidung.

ALTERNATIVEN ZUM NEINSAGEN

Neinsagen muss gelernt sein. Ich gebe dir abschließend noch ein paar alternative Redewendungen:

- »Ich schätze die Einladung, aber ich habe heute keine Zeit.«
- »Ich kann leider nicht helfen.«
- »Ich habe bereits Pläne.«
- »Danke, kein Interesse.«
- »Ich habe im Moment keine Zeit für etwas anderes.«
- »Das ist nicht mein Ding.«
- »Nein, danke.«

All das übt natürlich niemand von heute auf morgen ein, wir haben unser ganzes Leben in einer gewissen Art und Weise mit uns selbst und anderen gesprochen und Dinge von außen angenommen. Das lässt sich nicht einfach mal so eben abstellen. Aber du kannst deine Bedürfnisse Schritt für Schritt mehr akzeptieren und an dir arbeiten, ohne Druck, Vergleichen oder Kritik.

Don't forget: Dein Nein bedeutet ein Nein zum Ratter-Modus und ein Ja zu deinem Leben.

5. DEIN BODY: HER MIT MEHR SELBSTLIEBE!

DAVOR

Silvie und Lena waren beide vor den Schwangerschaften schlanke Frauen, die im ähnlichen Alter ihre Kinder bekommen haben. Nach den Geburten entwickelten sich ihre Körper und ihre Probleme damit grundverschieden. Schon weit vor meinen eigenen Schwangerschaften hat mich dieses Phänomen beschäftigt. Warum ist das so? Wie verändert sich der Körper? Warum verändern sich Körper so unterschiedlich? Warum gibt es Frauen, denen man eine Schwangerschaft einfach nicht ansieht? Und warum verlieren wiederum andere Frauen ihre Baby-Pfunde nie?

Klar, auch ich kannte damals schon die perfekten After-Baby-Bodys der Promis und ich konnte nicht wegsehen. Michelle Hunziker war so ein schönes Beispiel. Doch das erste Mal persönlich berührt hat mich dieses Body-Phänomen, als ich Silvie vom Schwangerschafts-Yoga abholte und sie mit Lena herausspazierte. Die beiden hatten sich im Kurs kennengelernt, sie waren damals »zusammen« schwanger und tauschten sich von Anfang an sehr intensiv per WhatsApp aus.

»Das ist Lena. Ich habe dir von ihr erzählt – sie ist in der 23. Woche und es tut gut, gemeinsam schwanger zu sein. Wir können vieles besprechen, super reden, Lena versteht sofort, was ich meine und wie ich mich fühle«, erklärte Silvie bei unserem ersten Treffen und plauderte gleich im Schwangerschafts-Jargon weiter: »Und dieses Yoga gerade! Es ist ein Wahnsinn, wie beweglich mich diese Yoga-Einheiten machen und wie gut sie uns auf die Geburt vorbereiten.«

Okay. Mein damaliges Ich merkte sich schon einmal: Später brauche ich also auch eine Schwangerschafts-Kommilitonin, die alles versteht, und dieses Yoga werde ich dann auch ausprobieren. Zu diesem Zeitpunkt war alles ein bisschen unverständlich. Ich gestehe: Damals konnte ich mit Yoga nicht viel anfangen. Einatmen, ausatmen und am Schluss ruhig sein, nicht lachen dürfen … (Wer meinem Blog folgt, wundert sich jetzt vielleicht, aber Mensch lernt schließlich dazu.)

Tja, und der zweite Grund, warum das Schwangerschafts-Yoga zu diesem Zeitpunkt auf mich warten musste, war, dass nicht wirklich jemand in Sicht war, mit dem ich mir vorstellen konnte, eins meiner zwei geplanten Kinder zu bekommen. Ja, so hatte ich mir das immer gewünscht. Ich war zu diesem Zeitpunkt gerade in einem schrecklichen »Beziehungs-Hickhack«. Meine Studienliebe und ich hatten am Wochenende wieder ziemlich heftig gestritten. Neben allem anderen freilich, es war kalt und warm im Wechsel. Im Grunde verstanden wir uns sehr gut, aber seine Flirterei …

»Du bist zu spießig, da ist nichts«, antwortete er schnippisch, wenn ich ihn damit konfrontierte. Nun ja … nach nichts sah es für mich nicht aus. Schnell schluckte ich diesen unangenehmen Schmerz hinunter und schaute mir stattdessen die zwei schwangeren Ladys an. Sie konnten unterschiedlicher nicht sein: Während Silvie nur wenig zugenommen und hauptsächlich einen sehr großen Bauch hatte, war Lena, die davor wie Silvie Größe 36 hatte, bereits im sechsten Monat um 15 Kilo schwerer als zuvor.

»Ich habe einen irrsinnigen Hunger und ich will mich in der Schwangerschaft nicht unbedingt zurückhalten oder gar hungern. Das fühlt sich falsch an«, sagte Lena. Sie aß, wann immer sie Hunger hatte. »Oder aber auch nur Appetit«, gestand sie später. Lena hat insgesamt 25 Kilo zugenommen und danach tat sie sich ziemlich schwer. »Größe 36 schaffe ich nie wieder, keine Ahnung, wie andere das machen.«

Bei Silvie war es wiederum ganz anders. Die Kleine, die schwierige Anfangszeit, das alles hat sie sehr gestresst und sie war nach der Geburt ziemlich bald viel dünner als zuvor. »Dafür hängt mein Busen, er war früher um einiges voller. Von der Haut am Bauch rede ich erst gar nicht«, jammerte wiederum sie. Heute noch.

DAS »WUNDER« FRAU

Heute wie damals ist es für mich ein Phänomen, was unser Körper bei einer Schwangerschaft durchmacht, welche bombastischen Veränderungen mit uns passieren. Über 40 Wochen sind wir schwanger, es wächst ein Mini-Menschlein in uns heran. Alleine der Bauch, ob rund, spitz, kleiner oder größer, leicht hängend, kaum oder sofort sichtbar … eine Frau ist ein echtes Wunderwerk! Und erst danach, nach der Geburt, der Stillzeit, hat sich unser Körper nachhaltig verändert. Meinen Insta-Innies geht es genau gleich. »Nichts ist mehr so, wie es früher war«, hat mir eine liebe Insta-Innie geschrieben. Bei 96 Prozent, also quasi nahezu bei jeder meiner Insta-Innies, hat sich der Körper mit der Geburt verändert. Mehr als jede Zweite hat jetzt mehr Gewicht als davor, 12 Prozent haben weniger Kilos und bei 34 Prozent ist das Gewicht in etwa gleich.

O-Ton Insta-Innies auf die Frage, wie sich ihr Körper verändert hat:

Die größten Veränderungen passieren ihrer Wahrnehmung nach am Bauch, am Beckenboden, an der Hüfte und den Brüsten.

»Nachdem ich zwei Kinder bekommen und immer länger gestillt habe, definitiv meine Brüste.«

»Meine Brüste sind viel kleiner und weicher, mein Bauch hat mehr Haut und ist auch weicher …«

»Die Haut vom Bauch bekomme ich nicht so schön straff, und wenn ich im Vierfüßler bin und den Bauch durch den Ausschnitt sehe, könnte ich heulen. Die Schwerkraft!«

»Das Bindegewebe am Bauch!«

I feel with you, kann ich nur sagen. Auch mir geht es ganz gleich. Ich habe in den Schwangerschaften nicht viel zugenommen. Allerdings war es bei mir dann die Stillzeit, das Danach. Ich war dauerhungrig und verlor kein einziges Kilo, im Gegenteil: Ich nahm zum Teil sogar zu. Nach meinem zweiten Liebling (die Mädchen haben einen Altersunterschied von 16 Monaten) blieb ich dann länger am Geburtsgewicht hängen, beziehungsweise wog schlussendlich sogar mehr als kurz vor der Geburt.

Du fragst jetzt, was mir geholfen hat? Ganz einfach: Meine Freundin Steffi. Sie hat mich auf ein simples »Geheimnis« aufmerksam gemacht. Mein Lieblingsdrink damals war ein bombastischer »Kaffee-Joghurt-Mix«. Mindestens zwei von denen brauchte ich täglich! »Ich verstehe einfach nicht, warum das Gewicht nicht runtergeht – ich esse bewusst, aber ich nehme kein Gramm ab, ich nehme sogar zu«, jammerte ich Steffi vor. Sie fing an zu lachen und meinte: »Hast du schon mal auf die Infos von deinem Joghurt geschaut? Eines deiner Getränke hat allein schon 500 Kalorien.«

Nun, ja, das waren täglich mindestens 1000 zusätzliche Kalorien, die ich so mir nix dir nix zum normalen Essen trank. Klar, als ich damit aufgehört habe, purzelten auch die Kilos.

Ulli Göbl vom Blog fitundgluecklich.net:

»Wenn man etwas am Gewicht oder dem Essverhalten ändern will, ist es wichtig, bewusst zu schauen, was man isst, und ein Tagebuch zu führen. Manchmal ist es der Koster hier, der Koster da, das Stückchen Schoko drüben … Einfach alles aufschreiben und dann für sich resümieren.«

Wichtig: Für jede passt etwas anderes, jede hat ein anderes Wohlfühlgewicht, dazu gleich mehr. Mich haben diese Still-Pfunde unglücklich gemacht und ich habe mir deshalb Ullis und Steffis Worte zu Herzen genommen und auf meine 1000 zusätzlichen Kalorien verzichtet. Auch heute noch: Erst wenn du es aufschreibst, siehst du, was du wirklich isst, und kannst es – wenn du das möchtest – ändern.

VON KÖRPERBILDERN UND OPTISCHEN (SELBST-) TÄUSCHUNGEN

Da wir gerade beim Thema Gewicht sind, möchte ich hier einhaken und dir unbedingt diese eine Davor-Geschichte erzählen, die mich immer wieder aufs Neue wachrüttelt. Es gibt nämlich einen Unterschied zwischen »Ich fühle mich zu dick« und »Ich fühle mich zu dick«, einen krassen sogar, und dem müssen wir auf die Schliche kommen und die negative Variante des Gedankens verbannen. Für uns und vor allem auch für unsere Kinder, die in der heutigen Zeit durch Werbung, Filter und Co. in einer komplett anderen Gesellschaft aufwachsen als wir.

Der eine Gedanke »Warum nehme ich plötzlich so stark zu?«, der aufkommt, wenn man seinem Körper täglich einen Liter ungesunden Drink mit industriellem Zucker »gönnt«, ist absolut legitim und berechtigt, das Resümieren hilft hier ungemein. Dann gilt es, den gesunden Menschenverstand einzusetzen und ins Handeln zu kommen, absolut. (Schon allein, weil eine unerklärliche Gewichtszunahme auch ein Symptom für hormonelle Störungen sein kann.) Es gibt aber auch den ungesunden »Ich bin zu dick«-Gedanken. Vielleicht kommen bei dir jetzt ähnliche Gedanken auf, wenn ich mit dir ein Bild von meinem damaligen Studenten-Ich »betrachte«: 2002 auf Ibiza. Meine Haare sind hellblond, nicht ganz schulterlang, ich habe leichte Waves, die Haut ist schön getönt, leicht gebräunt, nicht rötlich, einfach perfekt. Ich trage einen türkisen Rock mit dezenten weißen Streifen und ein enges Träger-Top. Warum gerade dieses Bild? Warum erzähle ich dir genau von diesem Urlaub? Weil ich glaube, dass es vielen von uns ähnlich geht oder ergangen ist. Wenn ich mir heute dieses Bild ansehe, denke ich mir: »Oh, wow! Ich hatte eine klasse Figur.«

Leider weiß ich aber auch, dass es mir damals überhaupt nicht so vorkam und es mir im Nachhinein leidtut, dass ich das damals nicht genießen konnte. Jedes Getränk, jedes Essen hinterfragte ich insgeheim in diesem Urlaub: »Soll ich das jetzt wirklich essen? Macht das dick? Kann ich mich so fotografieren lassen?«

Nichts mit »Wir haben Urlaub und wir genießen«, wie es manche getan haben. Ich war unrelaxt, auf meinen Körper fixiert, habe mich unwohl in meiner Haut gefühlt und nicht nur mich, sondern auch die anderen damit genervt. Von Selbstliebe keine Spur. Kennst du diese Gedanken? Vielleicht hast du auch Fotos, bei denen du im Rückblick findest, dass du wirklich klasse ausgesehen hast, dich aber erinnerst, dass du das damals, in diesem Moment, nicht so wahrnehmen durftest oder konntest?

Es geht einigen so. Auch meinen Insta-Innies und auch Silvie. Leider. »Wenn ich Fotos von mir unmittelbar nach der Schwangerschaft sehe, als Lu noch ganz klein war, frage ich mich: ›Wahnsinn! Wie habe ich das nur geschafft?!‹«, sagt sie und fügt hinzu: »Damals fühlte ich mich unwohl in meiner Haut, habe mich mit meinen Veränderungen schwergetan.« Doch warum ist das so? Warum geht es vielen gleich? Wenn ich näher darüber nachdenke, ist es kein Wunder. In dieser Welt, in der wir in den Medien und in der Werbung ständig mit unrealistischen Schönheitsstandards bombardiert werden, ist es verständlich, dass wir sehr kritisch auf unseren Körper blicken. Dass diese starken Bilder uns permanent beeinflussen, müssen wir uns immer wieder vergegenwärtigen.

WIE WIR UNSEREN KÖRPER MEHR LIEBEN KÖNNEN

Zu welchem Zeitpunkt ich meinen Körper immer mehr angenommen und im Hier und Jetzt für »in Ordnung« befunden habe, kann ich dir nicht genau sagen. Aber es hat sehr viel mit meinen Kindern und auch mit Übungen zu tun, die ich im Laufe der Zeit gelernt habe und immer wieder mache, wenn ich es für notwendig erachte. Aber halt: Wenn du genau hingehörst hast, spreche ich jetzt nicht von einem »Hach, ich liebe meinen Körper, er ist so unglaublich schön und sexy«. Da bin ich ehrlich zu dir und zu mir: Damit werde ich mir immer schwertun. So viel Realismus muss sein.

Aber ja, ich finde meinen Körper mit meinen Macken, meinen Dehnungsstreifen und mit meinen Narben in Ordnung. Er ist okay. Er ist schön aufgrund meiner Geschichte, aufgrund meiner Spuren, meiner kleinen Mini-Menschlein. Auch mit meinen immer häufiger auftretenden Falten kann ich mich langsam, aber dennoch anfreunden. Ich bin nicht mehr 20. Ich bin nicht mehr 30. Mein 40. Geburtstag ist auch schon vorbei. Und ganz ehrlich: Makel haben wir alle. Jede oder jeder findet etwas an sich, was sie/ihn stört, was sie/er gerne anders hätte.

Der Dreh- und Angelpunkt hier ist die Selbstliebe. Sich selbst so anzunehmen, wie man ist. Das ist auch der Grund, warum ich dir tolle Übungen mit auf den Weg geben möchte, die dir helfen, dich und deine Selbstliebe zu stärken. Den Ladys in meinem Mentoring-Programm und mir helfen sie sehr. Wenn ich merke, dass mich wieder etwas massiv zu stören beginnt, greife ich gerne darauf zurück.

Bevor ich allerdings auf die Übungen und die fünf Schritte eingehe, möchte ich dir noch im Überblick zeigen, warum Selbstliebe so wichtig ist und warum du unbedingt mehr von diesem »Feenstaub« in dein Leben bringen solltest. Nicht nur für dich, unbedingt auch für deine Kinder. Du bist ihr Vorbild. Wir alle müssen die Erwachsenen von morgen schützen und ihnen mehr Selbstliebe vorleben. Den Mädchen und Jungs zeigen, dass nicht alles perfekt sein muss. Denn wir dürfen nicht vergessen, dass der Einfluss der Werbung (Social Media und Co.) heute um einiges stärker ist als früher.

SELBSTLIEBE REDUZIERT STRESS

Stress ist kein Statussymbol, und wir alle wissen, dass Stress nicht gut für uns ist und unserer Gesundheit sogar extrem schaden kann. Bist du hingegen von dir selbst überzeugt und hast die innere Einstellung: »Ich schaffe das mit links«, dann meisterst du auch herausfordernde Situationen ziemlich gelassen. Andererseits hilft dir ein gesundes Maß an Selbstliebe auch, deine Grenzen klarer zu ziehen und gar nicht erst so viel Stress aufkommen zu lassen.

DU GEWINNST INNERE STÄRKE

Vertraust du dir selbst mehr, dann wagst du dich auch an größere Herausforderungen heran. Du bist von deiner Stärke und deinen Fähigkeiten überzeugt und hältst auch länger durch. Wenn du eine Aufgabe dann gemeistert hast, verstärkt sich dieses positive Bild von dir selbst.

SELBSTLIEBE MACHT DICH ERFOLGREICHER

Mit der richtigen Portion Selbstliebe hast du keine oder weniger Angst vor Fehlern und traust dir mehr zu. Das lässt dich Misserfolge nicht persönlich nehmen und du machst dich nicht selbst fertig. Du siehst es als Learning. Das Ganze lässt dich summa summarum erfolgreicher werden.

DU WIRST UNABHÄNGIGER

Durch Selbstliebe wirst du unabhängiger, und zwar vom Urteil anderer. Wenn wir uns selbst lieben und von uns selbst überzeugt sind, dann stehen wir auch zu unserer Meinung und unseren Handlungen. Mehr dazu etwas später.

DU WIRST FÜR ANDERE ATTRAKTIVER

Durch Selbstliebe lernst du nicht nur, dich selbst mehr zu schätzen, sondern auch andere tun das. Grund dafür ist, dass wir mit Selbstliebe und Selbstvertrauen eine offene und selbstbewusste Ausstrahlung haben, und das finden wiederum auch andere Menschen anziehend. Überprüfe es bei dir: Findest du Menschen attraktiv, die gut zu sich selbst sind und von sich und ihren Fähigkeiten überzeugt sind, oder eher Menschen, die immer negativ sind und sich selbst schlecht reden? Ein weiterer, nicht unwesentlicher Pluspunkt: Die intimen Momente mit unserem Partner werden auch besser, wenn wir die lästigen Selbstzweifel weglassen.

SELBSTLIEBE-ÜBUNGEN, DIE DIR HELFEN

Alles überzeugende Gründe, um mehr Selbstliebe in dein Leben zu bringen, was meinst du? Theoretisch klingen sie sehr gut, doch wie funktioniert es in der Praxis? Wie geht das im Alltag? Wie sieht es mitten in der Hektik aus, wenn wir überwältigt sind und an uns und unseren Fähigkeiten zweifeln? Ich zeige dir dafür fünf wichtige Schritte, die dir helfen, achtsamer mit dir und deinem Körper zu sein und die dich dabei unterstützen, dich (wieder) mehr zu lieben. Nimm es in die Hand, lies dir die Schritte durch, reflektiere sie für dich, wie handhabst du sie? Wie geht es dir dabei? Frage dich auch, ob und wie du die einzelnen Punkte verbessern kannst. Mache dir Notizen dazu und versuche, die Impulse in deinem Alltag umzusetzen.

HÖR AUF ZU VERGLEICHEN

Der Vergleich ist der Anfang vom Unglücklichsein. Egal, um was es dabei geht, wie du es drehst oder wendest, Vergleichen macht unglücklich. Punkt.

»Warum hat sie so ein schönes Haus? Die Einrichtung ist viel geschmackvoller als bei uns«, »Warum sieht sie aus wie 29 und hat keine Falten? Sie ist doch älter als ich und hat geraucht«, »Warum fährt sie schon wieder ins coole IT-Boutique-Hotel nach Venedig?«, »Warum tragen ihre Kinder die neuesten Designerjacken?«, »Warum hat sie schon wieder eine neue Chanel-Tasche?« Egal, ob es ein tolles Aussehen oder etwas Materielles ist, ich sage es dir direkt und unverblümt und hoffe, du bist mir jetzt nicht böse: Es wird immer jemanden geben, der mehr reist, besser kocht, ein schöneres Haus oder Auto hat. Das Vergleichen stellt deine im Grunde schönen Dinge und Erlebnisse in ein schlechtes Licht. Jeder hat seinen Background, seine Geschichte, seinen eigenen Rucksack zu tragen, und oft kennen wir diese gar nicht. Wir sehen nie das große Ganze und können auch in keinen anderen Menschen hineinschauen. Mir hat der Tod von Stephan »tWitch« Boss wieder einen

Dämpfer und viel zu überlegen gegeben. tWitch war der Mann von Allison Holker, einer sehr bekannten Influencerin und Moderatorin (über 3 Millionen Follower auf Instagram). Das Paar teilte auf Instagram ziemlich viele lustige und schöne Einblicke aus ihrem Leben mit ihren drei entzückenden Kindern. Meine Gedanken dazu: »Was für cool, lustig und super produzierter Content, ein tolles gemeinsames Business – und so viele Follower!« Nicht nur einmal dachte ich mir, wie genial doch drei (!!!) Millionen Follower wären. Mitte Dezember 2022, kurz vor Weihnachten, hat tWitch laut Medienberichten Suizid begangen. Obwohl viele glaubten (da zähle ich mich jetzt auch dazu), ihn und seine Familie, seine Beziehung zu kennen, hatte damit keiner gerechnet. Gezeigt wird nur das, was gesehen werden soll. Sowohl auf Social Media als auch im echten Leben.

Hier noch ein weiterer Social Media-Ausflug, bevor ich dir verrate, was du gegen das leidige Vergleichen machen kannst und was dir hier super hilft. Immer wieder werde ich gefragt: »Warum bekommst du das?«, »Warum musst du nichts dafür zahlen?«, oder auch: »Warum hast du so viele Follower?« Im Grunde bin ich dankbar für jedes ehrliche Nachfragen und den Mumm meines Gegenübers; direkte Fragen sind besser als willkürliche Spekulationen. Denn auch hier – und das obwohl ich in der Influencer-Welt nur ein kleiner Fisch bin – sieht niemand das Dahinter. Niemand sieht, dass ich lange und hart daran gearbeitet habe, mir eine Community aufzubauen. Kaum jemand weiß, dass ich in den Anfangsjahren neben drei Kindern, dem Haushalt und meinem 30-Stunden-Job zum Teil mindestens zwei wohlüberlegte Postings mit Bild und Text pro Tag auf meinem Instagram-Account veröffentlicht habe. Heute stehen oft aufwendige Video-Produktionen dahinter, auf dem Blog veröffentliche ich zusätzlich oft lange recherchierte Beiträge mit wissenschaftlich fundierten Daten und von mir getesteten Inputs, die das Mama- und Berufsleben erleichtern.

Doch zurück zum eigentlichen Thema: Was kannst du also tun, wenn du anfängst zu vergleichen? Ein Tipp, der mir immer hilft: Ändere die Fragestellung, du merkst sofort, wie das den Vergleich entkräftet. Statt

»Warum hat Nora eine glattere Haut als ich, obwohl sie um einiges älter ist?« zu fragen, ersetze das doofe Wörtchen »warum« durch das schöne Wort »wie«: »Wie schafft es Nora, dass ihre Haut so glatt ist?« Okay, sie ist bei einem Beauty-Doc. Willst du das auch? Wenn du das nicht willst, dann kennst du das »Warum«. Oder: »Oh, Lisas neues Auto ist genial. Warum hat sie das und ich nicht?« Frage dich stattdessen: »Wie hat Lisa es geschafft, sich so ein tolles Auto zu kaufen?« Mögliche Antworten: Sie hat es geleast, sie hat etwas geerbt, sie hat ewig dafür gearbeitet, sie hat andere Prioritäten gesetzt. Du kennst nicht die ganze Geschichte. Wenn du nicht nur die Sache, das neue »Ding« oder die schöne Haut siehst, sondern auch das »Wie«, kommt das große Ganze – der Mensch dahinter und seine Gründe – zum Vorschein. Und das ist das eigentlich Wichtige. Probiere diesen Perspektivenwechsel das nächste Mal aus und notiere dir, wie es dir dabei geht.

PERFEKTE SCHÖNHEIT WAR GESTERN

Erlaube dir, Macken zu haben, akzeptiere deine Makel. Sie machen uns und unseren Körper, unsere Einzigartigkeit erst aus. Wie beispielsweise bei Cindy Crawford das Muttermal oder die Pigmentflecken des Models Winnie Harlow. Die Liste ist unendlich erweiterbar. »Das perfekte Schöne ist nicht mehr im Trend«, auch diesen Satz habe ich im Zusammenhang mit den Makeln der Promis gelesen.

SEI STOLZ AUF DICH!

Ein wunderschöner Ansatz, den wir mehr beherzigen sollten. Fallen dir ständig Sachen auf, die du nicht gut kannst? Und nimmst du alles, worin du gut bist, für selbstverständlich? Lass dich von den Mängeln nicht irritieren, lenke den Blick auf das Schöne. Schreibe dir auf, was du bisher in deinem Leben schon erreicht hast, wirklich alles: vom Schulabschluss bis hin zur Geburt deines Kindes und alles davor, dazwischen und danach. Diese Liste kannst du unmöglich auf einmal schreiben, weil dir immer wieder Dinge einfallen werden und du sie permanent weiter füllen kannst. Lies dir diese Liste regelmäßig durch, das gibt dir ein gutes Gefühl und stärkt dein Selbstvertrauen enorm. Und du kannst noch ganz viele Dinge erreichen, die du dann im Laufe der Zeit auch auf diese Liste setzen kannst.

WORKSHEET:
Fünf Fragen, die den Fokus auf deine Stärken lenken

Fürs Erste stelle ich dir fünf wirkungsvolle Fragen zur Selbstreflexion. Nimm dir Zeit und beantworte sie in Ruhe. Die Antworten auf diese Fragen sind weitaus besser als negative Glaubenssätze, die uns von dem, was wir eigentlich erreichen können, abhalten.

1. Was ist mir in letzter Zeit besonders gut gelungen?

....

....

....

....

2. Wofür werde ich von anderen gelobt?

....

....

....

....

3. Was habe ich in letzter Zeit Neues gelernt?

....

4. Was habe ich diesen Monat getan, um mich als Person
weiterzuentwickeln?

5. Was kann ich in Zukunft tun, um stolz auf mich zu sein?

GIB DIR EIN HIGH FIVE

Mein großes Ziel ist es, dass du viel mehr Selbstliebe in dein Leben
lässt und erkennst, wie wertvoll das ist. Damit das passiert, muss ich dir
unbedingt von einem sehr schönen Tipp erzählen, den ich selbst gerne
anwende. Kennst du die amerikanische Persönlichkeitsentwicklungs-
Koryphäe Mel Robbins? Ihre High-Five-Challenge ist ein simples Tool,
das wir alle noch viel mehr nutzen sollten. Ich glaube, jede Mutter
kennt dieses Phänomen, besonders ausgeprägt ist es bei kleineren Kindern: Sie sehen sich selbst im Spiegel, sie lächeln sich an, sie winken
sich zu, sie sind superglücklich über ihr Spiegelbild und geben sich
selbst vielleicht sogar ein Küsschen. Das traurige Detail hierbei: Je älter die Kinder oder auch wir werden, desto weniger winken wir uns

zu. Nein, wir gehen sogar den umgekehrten Weg. Je älter wir werden, desto mehr kritisieren wir uns selbst und eben auch unser Spiegelbild. Wir haben für alle anderen ein High Five, wir loben sie, wir freuen uns mit ihnen. Doch bei uns selbst sind wir viel zu kritisch.

Und genau hier setzt Mel Robbins an. Probiere es bitte aus: Gib dir selbst ein High Five im Spiegel. Ja, auch wenn es sich anfangs komisch anfühlen mag. Keine Sorge, das ging mir auch so. Doch tu es so, wie du es oft bei anderen machst, die du für etwas lobst. Sei deine eigene Cheerleaderin! Mein Tipp: Mach das jeden Tag in der Früh, es kann Teil deiner Morgenroutine sein. Starte mit deinem High Five in den Tag.

SCHÄTZE DEINEN KÖRPER, ER IST DEIN ZUHAUSE

Was für mich beim Thema Selbstliebe nicht fehlen darf und was auch unbedingt in diesem Kapitel Platz finden muss, ist die Achtsamkeit gegenüber deinem Körper. Egal, ob du aktuell fünf Kilo mehr oder weniger hast als dein persönliches Wohlfühlgewicht. Bitte vergiss dennoch nicht: Dein Körper ist dein Zuhause und das darf auch in hektischen Zeiten nicht untergehen. Langsam und gesund altern, das ist einer meiner großen Wünsche.

Dafür ist es unumgänglich, dass ich (möglichst oft) sowohl auf meine Ernährung als auch auf meine Fitness achte, und das will ich auch dir ans Herz legen. Wie es dir gelingen kann, verrate ich dir später noch ganz detailliert.

6. DAS ROUTINEN-CHAOS

DAVOR

»Wir müssen um sieben daheim sein, später geht es nicht.« Diese Worte schweben in meiner Erinnerung wie ein Damoklesschwert über mir. Dabei wollten wir doch nur »kurz« den lauen Frühsommerabend mit einem erfrischenden Aperol Spritz und einer köstlichen Bruschetta abschließen. Gerade wenn es wärmer wird, ist diese Kombination an diesem besonderen Ort, noch dazu mit einer Handvoll Freunde, bombastisch. Und um einiges besser als meine Fertig-Käse-Pasta und ein Glas lauwarmes Wasser alleine in meiner Wohnung.

Der trübe Winter mit viel Nebel und meiner Gefühlsachterbahn ist hoffentlich vorbei. Endlich ist es warm! Meine Gefühle spielen manchmal zwar noch verrückt, aber egal, nichts, was andere nicht auch kennen würden.

Wir sind zum ersten Mal zum See. Wir sitzen gechillt dort, ich schaue Lu beim Sandspielen zu, dazwischen gehe ich zum Kiosk, lese endlich 20 Seiten von meinem neuen Buch. Von unserem Platz am Anfang des Steges aus überlegen wir, was sich über den Winter getan hat.

»Letztes Jahr war ich nicht alleine hier!«, kommt es mir kurz, aber ich verbanne den Gedanken. Über den Winter ist nicht nur bei mir viel passiert.

Wer ist mit wem zusammen? Billie und Mario probieren es nach einer Pause wieder, dafür sind Christina und Alex getrennt. Alex spaziert kurz mit seiner neuen Freundin Hand in Hand über den Steg und nickt uns freundlich zu. Das stößt Christina sauer auf. Sie packt daraufhin ihre Sachen und fährt nach Hause. »Sorry, aber du wolltest doch eine Auszeit?«, sag ich ihr. Sie wirft mir einen bösen Blick zu.

»Du weißt, wir haben unsere Routine, und wenn wir die Kleine nicht um sieben hinlegen, hängt mir das morgen nach. Euch betrifft das dann ja nicht«, sagt Silvie schnippisch und packt ihre Handtücher, das

Sandspielzeug und die Kleine ein. Thorsten und ich stapfen ihr nach. »Alles nur wegen ihrer Routine«, denke ich mir. Weil Christina ja auch schon weg ist und Billie und Mario ihre wiedergewonnene Zweisamkeit genießen wollen, ist der Abend für mich gelaufen. Alleine mag ich auch nicht hierbleiben.

Den Hauptverursacher meines trüben Winters habe ich zwar schon länger nicht mehr gesehen, aber es ist ebenso eines seiner Lieblingsplätzchen, gut möglich, dass er am Abend mit einer seiner neuen Flammen auf eine Bruschetta kommt, wie wir damals so oft.

Andererseits könnte es aber auch sein, dass ein bestimmter anderer mit seinen Freunden vorbeischaut. Mir wird kurz angenehm warm beim Gedanken an ihn. Ich weiß zwar nicht, warum dieses wohlige Gefühl plötzlich aufkommt, ich will es jetzt auch gar nicht haben, schließlich habe ich mich letztens für mein München-Wochenende entschieden. Aber so ganz aus dem Kopf gehen will er mir auch nicht. Es ist ja auch wirklich sehr unrealistisch. Warum sollte er kommen? Nur weil ich an jenem Abend zwischen gefühlt tausend Leuten kurz erwähnt habe, dass dieses Plätzchen an den ersten lauen Tagen abends der schönste Platz der Stadt ist, und er gesagt hat: »Da muss ich hin!« Ist doch total unwahrscheinlich. Er hat das und mich bestimmt schon vergessen. Es waren an diesem besagten Abend viele andere um ihn, viele andere Mädchen, hübsche junge Frauen, und viele fanden ihn und seine Freunde toll. Eine junge Frau ist mir besonders aufgefallen, sie war jünger als ich und hatte wunderschöne blaue Augen und lange dunkle Haare. Sie hat gemeinsam mit ihm und seinen Freunden gesungen und immer wieder seine Nähe gesucht. Er schien sich wohlzufühlen. »Nein, das brauche ich jetzt nicht. Ich hatte Chaos genug«, dachte ich mir. Und als ob er meine Gedanken lesen könnte, lächelte er mir in diesem Moment zu und fuhr sich durch seine längeren, dunkelbraunen Haare. Bestimmt nur, weil ich davor in das riesengroße Fettnäpfchen getappt war. Unwillkürlich grinste ich etwas zu überschwänglich zurück.

Ich weiß bis heute nicht, wie und warum ich genau an jenem Abend in diese Feier geraten bin. Billie, Gloria, Christina, Michaela und Katharina, zwei andere liebe Freundinnen – alle waren auf den Beinen und haben ein gewonnenes Eishockeyspiel gefeiert. Bis mein Telefon klingelte, hatte ich gar nicht gewusst, dass es überhaupt stattgefunden hatte. »Jetzt komm mit! Ich hol dich ab!«, hat Michi hineingeschrien. Im Hintergrund wurde gegrölt und gejubelt, es war laut. Im Grunde absolut nicht meins. Und schon gar nicht jetzt. Halb in Trance und mit meinen Gedanken ganz woanders, bin ich dann mitgegangen. Schlussendlich stand ich gemeinsam mit ihm und seinen Freunden an einem Tisch. »Ja, es ist ein Wahnsinn! Das Spiel war so spannend, ich dachte schon …« Er ist voll im Redefluss und wiederholt das dritte Mal »seine Story«, als ich ihn plötzlich unterbreche: »Sorry, aber wovon redest du? Hast du auch mitgespielt? Was spielst du? Welche Position? Wie viele Tore hast du geschossen?«, frag ich etwas genervt. Genervt davon, dass alle über dieses Spiel reden. Genervt davon, dass ihn alle anhimmeln. Genervt von dem hübschen Mädchen neben ihm. Genervt von meiner ganzen Situation.

Unter anderen Umständen hätte er mir schon gefallen. Er ist groß und sportlich und hat ein markantes und sehr interessantes Gesicht. Aber jetzt? Und unter diesen Umständen? Ich will kein Chaos mehr, und das riecht nach Chaos. Er sieht mich verwundert und fragend an. Plötzlich ist es still am Tisch, alle starren mich an, seine Freunde, meine Freunde. Ich blicke rasch hilfesuchend zu Michi und Katharina. Beide schütteln lachend den Kopf. Ich spüre ein Unbehagen. Mir wird heiß und kalt. Er lächelt mich mit einem skeptischen Blick an und sagt: »Ich bin der Tormann!«

»Kommst du endlich? Lu muss ins Bett! Du wirst schon sehen, wenn du selbst Kinder hast!«, unterbricht Silvie meine Gedanken. Damals eigentlich eine Lappalie und angesichts meiner gesamten Lage unwichtig, aber diese und ähnliche Situationen waren prägend für mich und meine Meinung zu Routinen. Mit Mitte zwanzig und im schönsten Sommer sind Routinen einfach uncool. Und ich habe mir damals geschworen, dass es für mich ein Leben ohne Routinen geben wird. Und dass ich, sollte ich trotz des ganzen Schlamassels einmal einen Vater für meine Kinder finden, auf Routinen pfeifen werde.

SIND ROUTINEN LANGWEILIG?

Wie stehst du zu Routinen? Welches Gefühl kommt in dir auf, wenn du an den Begriff denkst? Denkst du ähnlich wie ich? Kommen dir sofort die Kinder und fixe Schlafenszeiten in den Sinn, oder eher Routinen für dich persönlich als Frau? Ich gestehe, ich bin hier vielleicht auch von meiner Vergangenheit und den vielen Abenden, die ich gemeinsam mit Silvie und Thorsten verbringen wollte, ein gebranntes Kind. Silvie ließ hier nichts gelten.

Von meinen Insta-Innies denkt jede Zweite sofort an Kinder-Routinen, viele verbinden ein angenehmes Gefühl mit diesem Wort.

Ich dagegen war und bin zu oft die Bauchmama und der Gedanke »Nein, ich will mich nicht so einschränken lassen wie Silvie« kam oft auf. Zum Glück sieht es mein Mann ähnlich. Er wäre sogar manchmal noch spontaner, das geht natürlich nicht ... Auch wir haben als kleine Großfamilie unsere gemeinsamen Routinen, unsere Rituale, aber dennoch war und ist es mir immer wichtig, trotz der Lieblinge in gewissen Situationen Elastizität walten zu lassen.

Wir sind beispielsweise nicht die erste Familie, die beim Laternenfest nach Hause geht, damit wir alle vier Kinder rechtzeitig ins Bett bekommen. Hier lassen wir Situationselastizität zu. Und deshalb ist es auch schon vorgekommen, dass ich viele Jahre später genau an diesem besagten Platz am See mit meinen vier Kindern bis spät am Abend geblieben bin. Die Kids spielten fangen, tollten barfuß im Gras herum. Währenddessen haben mein Mann, Silvie und ich einen Cocktail getrunken. »Making Memories«, sagte ich mit einem vielsagenden Zwinkern zu Silvie. »Sei froh, dass du damals mit heim bist, sonst hätte sich alles nicht so entwickelt, wie es jetzt ist«, lautete ihre verschmitzte Antwort.

Wie auch immer du es mit deinen Kindern handhabst, ob sie zu einem fixen Zeitpunkt schlafen gehen müssen oder ob du diesbezüglich flexibel bist: Es muss für deine Familie passen. Für dich als Mutter. Für deinen Partner. Und natürlich für deine Kinder. Manche Kinder brauchen mehr Struktur oder Schlaf, andere weniger.

Worauf ich allerdings hinauswill und was mir für dich auf deinem Weg zur strahlenden, glücklichen, zufriedenen und relaxten Mama besonders wichtig erscheint, sind *deine* Routinen. Deine Gewohnheiten. Deine Hängematten und deine Ankerpunkte im stressigen Alltag. Deine Inseln, die dir Struktur und Halt im Mama-Leben geben und dir helfen, um einiges gelassener zu werden.

Ich hätte es selbst nicht gedacht, wie stark beispielsweise eine Morgenroutine, auf die ich hier eingehen will, einen Menschen ändern und positiv beeinflussen kann. Ich habe mich mit der Frage nach einem regelmäßigen Ablauf am Morgen auseinandergesetzt, als ich gemerkt habe, wie wenig belastbar ich tagsüber war, aber vor allem in der Früh. Aus einem »Kinder, könnt ihr jetzt bitte kommen!« wurde ziemlich schnell ein bestimmendes »Kinder! Jetzt! Sofort!«. Von »präsent im Hier und Jetzt« und von Gelassenheit war ich weit (sehr weit!) entfernt. Das »gut« im morgendlichen Gruß an die Kollegen im Büro hatte sich dann auch erübrigt, denn bis zu diesem Zeitpunkt hatten sich bei uns zu Hause schon Dramen abgespielt, jawohl, Dramen! Im Plural! Das Anzieh-Drama, gefolgt vom Frisuren-Drama, dem Zahnputz-Drama und dem Schuh-Drama. Du kennst diese Art von Situationen bestimmt. Ähnliche Geschichten gibt es viele, wir Eltern können ein Lied davon singen. Gerade letztens hat mir meine Nachbarin Nici erzählt, dass ihr kleiner Mann die Baby-Fett-Creme des kleinen Bruders auf der Couch verteilt hat. »Mama, das Sofa ist etwas trocken, das tut ihm sicherlich gut«, war die Entschuldigung morgens um sieben. Und es wird auch nicht leichter, wenn die Kinder größer werden. »Sie steht einfach nicht auf, will nicht in die Schule. Fünf Minuten vor Unterrichtsbeginn fährt sie dann daheim weg, sie putzt sich nicht die Zähne, vergisst die Jause, isst nichts«, jammert wiederum Billie, die mittlerweile von ihrem Teenager-Girl gepiesackt wird. Was hilft uns? Wie können wir mit den geballten morgendlichen Krisen, zum Teil selbst noch unausgeschlafen, entspannter umgehen, ohne laut zu werden oder mental einfach abzutauchen?

ICH KANN DIE SITUATION NICHT ÄNDERN

Es hat mich viele Nerven, viele Tränen und viele Überlegungen gekostet, bis ich mich schlussendlich damit abgefunden habe: Ja, es ist so. Wir Eltern sind vor den verschiedensten Dramen nicht gefeit. Nein, niemand! Es ist unser Alltag und die Dramen gehören nun einmal dazu. Das ist das Leben, und das Leben »lebt« mit allen Höhen und Tiefen. Was wir allerdings tun können, ist, die Situation anzunehmen und zu schauen, wie wir das Beste daraus machen. Konzentrieren wir uns auf das Chaos, geben wir dem Chaos automatisch mehr Beachtung: Es wird größer, wir hingegen werden unruhiger, gestresster und im Grunde so, wie wir überhaupt nicht sein wollen. Es geht also um einen Perspektivenwechsel.

Mit dem Fokus auf das Drama bin ich nicht weitergekommen, auch mit der Frage nach dem »Warum« nicht. Es wird nämlich immer etwas anderes sein, der Grund jedes Dramas ist austauschbar. Was ich dann gemacht habe und was mir schon so oft geholfen hat: Ich habe ganz simpel und einfach die Frage »Warum schaffe ich das nicht?« ersetzt durch: »Wie schaffe ich das?« Wir wissen eigentlich alle, dass uns ein »Wie« weiter als ein »Warum« bringt. Es ist mächtiger und gibt dem schlechten Gewissen keinen Nährboden. Wenn das in vielen anderen Bereichen möglich ist, warum dann nicht auch für das Mama-Leben, für das morgendliche Chaos? Damit du es relaxter hinnimmst, dich nicht tagtäglich stressen lässt, das Theater um das falsch gestrichene Butterbrot und die Worte »Die Oma kann das viel besser, mach doch einen Kurs bei ihr!« auch mal mit einem Lächeln quittieren kannst. Und du kannst nicht nur dann lächeln, wenn du gut aufgelegt bist, sondern auch dann, wenn du im Normalfall kurz vor der Flucht bist. Du nimmst Dramen gechillter hin. So wie du es dir eigentlich vor Jahren vorgestellt und vorgenommen hast. Also: Wie funktioniert es bei anderen? Diese Frage ist nicht nur für das Thema Routinen essenziell. Ich wollte also wissen, wie es andere Menschen mit noch mehr Chaos und noch mehr Stress schaffen, den Morgen zu bewältigen. Was tun sie? Was machen sie anders? Und das war der Punkt, an dem ich auf das Wort Routinen gestoßen bin. Routinen, die nachhaltig das Leben von vielen verbessern. Viele erfolgreiche Menschen integrieren sie in ihren sehr fordernden Alltag. Barack Obama zum Beispiel, dem 44. Präsidenten der Vereinigten Staaten, war es auch während seiner Amtszeit wichtig, früh aufzustehen. Er praktizierte ein Dankbarkeitsritual und verbrachte in der Früh 45 Minuten im Fitnesscenter. Weitere wichtige Punkte waren die Planung seines Tagesablaufes und die Definition der unangenehmsten Aufgaben, damit er diese zuerst erledigen konnte.

KEIN MAMA-LEBEN
OHNE ROUTINEN

Was hat das jetzt mit deinem Alltag zu tun, fragst du dich vielleicht? Ganz viel. Ich möchte auch dir Routinen schmackhaft machen und dir zeigen, dass sie dir gerade im Mama-Alltag vieles erleichtern können. Routinen für dein Wohlbefinden, deine Hängematte, deinen Anker, deine Inseln im Alltag. Danach gebe ich dir auch Tipps und Tricks, die dir helfen, neue Routinen zu entwickeln und zu integrieren. Wenn du den einen oder anderen Tipp befolgst und wirklich dranbleibst – und das kannst du! –, klappt es besser, als du denkst.

DU MUSST WENIGER ENTSCHEIDUNGEN TREFFEN

Verhalten wir uns in einer Situation stets gewohnheitsmäßig gleich, entwickeln wir Routinen. Wir müssen über das Tun (»Jetzt ist es Zeit für xy«) nicht mehr bewusst nachdenken, sondern handeln unbewusst nach einem bestimmten Plan. So bleiben mehr Kapazitäten für die Dinge, die eine bewusste Entscheidung wirklich wert sind. Gerade mit Kindern, der Arbeit, der Vereinbarkeit, dem Haushalt und Co. sind Routinen für uns Mütter Ankerpunkte. Der Vorteil: Mit bewusst eingeübten Gewohnheiten, die genau zu dir und deinem Alltag passen, musst du weniger spontan nachdenken, abwägen oder organisieren.

Ich schwöre gerade deshalb auf meine Morgenroutine, auf die ich später eingehen werde.

ROUTINEN HELFEN DIR, DAS SCHLECHTE GEWISSEN ZU VERBANNEN

Wenn du neue Gewohnheiten bewusst im Alltag integrierst, kannst du viel steuern. Eingeplant, erledigt, fertig. Mithilfe dieser Regelmäßigkeit kannst du beispielsweise auch das allseits bekannte chronisch schlechte Gewissen und den Satz »Werde ich allen Kindern gerecht?« verbannen und deine Work-Life-Balance optimieren.

Mein Rat: Setze dich mit den Kindern zusammen, besprecht die Tätigkeiten, die ihr gerne zusammen unternehmen wollt, und integriere sie als Routine im Alltag. Nicht erst morgen oder übermorgen, fang heute an! Finde für jedes deiner Kinder ein Ritual. Etwas, das ihr ganz regelmäßig und ohne weitere Verabredung gemeinsam macht: Puzzeln mit dem Kleinen, Quality-Time mit der Großen.

ROUTINEN MOTIVIEREN DICH

Ein schöner Effekt: Gewohnheiten motivieren uns ganz unbewusst. Eine meiner Routinen ist zum Beispiel mein Fünf-Kilometer-Lauf mit unserem Hund Cosmo. Ob bei Wind oder Wetter, das passiert ganz automatisch, ich muss mich selbst nicht mehr dazu motivieren. Ich ziehe die Laufschuhe an, nehme Cosmo und los geht's. Ähnlich geht es mir mit meinem Experiment Winterschwimmen im See, der in unserer Nähe ist. Es lässt mich hellwach werden, klar denken und es gehört jetzt zu meinem Tagesablauf dazu.

BERUFLICH ERFOLGREICH MIT ROUTINEN

Nicht nur privat, auch beruflich können neue Gewohnheiten Ankerpunkte sein, die im Arbeitsalltag enorm helfen. Ich teile mir zum Beispiel eine Aufgabe ein und arbeite sie dann nach einem System ab. Eines meiner Prinzipien ist »Eat that frog« (es gibt auch ein gleichnamiges Buch, das ich dir sehr empfehlen kann): Dabei geht es darum, die Aufgaben, die du nicht so gerne machst und gerne aufschiebst, bewusst früher oder als Erstes zu erledigen. Du fühlst dich danach befreit, kannst dich besser konzentrieren und kreativer sein, glaube mir. Ich erledige unangenehme Aufgaben gleich in der Früh, ohne Störung durch Telefonate, Mails oder Social Media, und ich merke, dass mich das um einiges weiterbringt.

GEWOHNHEITEN HELFEN DIR, DEINE ZIELE ZU ERREICHEN

Wenn du in irgendetwas besser werden willst, reicht es, dich täglich nur um ein Prozent zu steigern. Das beschreibt auch der Erfolgsautor James Clear in seinem sehr bekannten Buch *Die 1% Methode*, das ich dir ebenfalls gerne ans Herz lege. Es muss nicht immer viel sein, dafür aber konsequent. Kleinigkeiten, winzige positive Veränderungen im Verhalten, konstant wiederholt, machen über eine gewisse Zeit einen riesigen Unterschied aus. Zum Beispiel mithilfe von Büchern, Online-Kursen oder anderen Impulsgebern.

SO INTEGRIERST DU EINE ROUTINE

Schön und gut, doch wie klappt das alles? Wie gehen wir genau vor? Um dir das zu veranschaulichen, möchte ich näher auf die Morgenroutine eingehen, die ich dir ebenfalls sehr empfehlen kann. Indem du deine Me-Time, deine Auszeit für dich auf den Morgen legst, gelingt es dir, schon zu Beginn des Tages Kraft zu sammeln und gut zu starten.

Ich pflege mein Morgenritual schon einige Jahre, seit dem Zeitpunkt, an dem ich gezwungen war, es zu ändern. Mein Mann, meine Kinder und ich können dir bestätigen, dass ich mittlerweile um einiges relaxter und gechillter in das morgendliche Chaos starte als zuvor. Ich bin es schrittweise angegangen, und das rate ich auch dir. Zuerst eine einzige Veränderung, zum Beispiel erst ab acht Uhr zum Handy zu greifen, oder ein Stretching oder eine Mini-Yoga-Session.

Die Morgenroutine hilft mittlerweile auch vielen meiner Insta-Innies. Wir haben eine gemeinsame »30-Tage-Challenge« mit über 300 Ladys veranstaltet, bei der wir nach und nach auf kraftspendende Morgenrituale eingegangen sind und bei der wir für jede eine passende Morgenroutine gefunden haben, die sich nachhaltig in den Alltag integrieren ließ. Einige meiner morgendliche Rituale möchte ich dir im Folgenden vorstellen:

TAGEBUCH FÜHREN

Ich liebe dieses Buch und werde dir auch später noch mehr über die Macht des Tagebuchschreibens erzählen. Ich investiere ein paar Minuten morgens und ein paar abends: Morgens überlege ich mir kurz drei Dinge, für die ich dankbar bin, und schreibe sie auf. Weiter geht es mit Sachen, die meinen Tag wundervoll machen würden – kurz überlegen, in positiven Gedanken schwelgen und den idealen Tag planen. Im Anschluss notiere ich meine Ziele und Visionen für den Tag, um fokussiert und motiviert zu bleiben. Diese kurze Selbstreflexion lässt mich besser in den Tag starten.

Mein Tagebuch habe ich ursprünglich für mich entworfen, um meine Work-Life-Balance mit meinen vier Schatzis, meinem Mann, dem Business und Co. zu optimieren. Inzwischen habe ich es sogar veröffentlicht und bin sehr happy, weil ich damit ganz vielen Mamas täglich helfen kann, ihren Alltag zu verbessern und das Beste für sich herauszuholen. Ich verrate dir im Kapitel 8 mehr darüber.

YOGA-FLOW FÜR ANFÄNGER

Ein rascher Sonnengruß – einmal links, einmal rechts – dauert nicht lange und ist unkompliziert. Pro Übung vier Atemzüge, einfach zum Runterkommen, zum Dehnen, für dich. (Falls du damit nichts anfangen kannst, empfehle ich dir eine gute Anleitung von Mady Morrison.)

BLITZ-MAKE-UP

Danach kommt eine kurze Auszeit im Bad – ich mache mir ein schnelles Make-up. Da ich für meine hellen Wimpern Mascara verwenden muss oder will und für meine Augenringe einen guten Concealer brauche, erledige ich das gleich und bin in fünf Minuten fertig.

EIN GLAS WASSER

Ich muss leider bewusst darauf achten, dass ich über den Tag verteilt (viel) Wasser trinke, sonst vergesse ich es einfach. Ich beginne deshalb schon in der Früh damit. Das erste Glas geht auch gut im Stehen bei der Zubereitung der Brotboxen und beim Kreieren der Frisuren.

SO FINDEST DU DEINE MORGENROUTINE

Wünschst du dir auch eine Routine am Morgen, die dir dabei hilft, relaxter und fröhlicher in den Tag zu starten? Lass es uns gemeinsam umsetzen und nach der für dich passenden Morgenroutine suchen und sie in deinen Alltag integrieren. Hier habe ich ein Worksheet mit 50 Ideen für dich vorbereitet. Einige kennst du oder machst sie bereits, andere wären vielleicht etwas für dich. Scanne den QR-Code und hole dir die Ideen!

https://www.mamawahnsinn.com/ morgenroutine_selflove

WORKSHEET:
50 Ideen für deine Morgenroutine

- Beim ersten Alarm aufstehen
- Bett machen
- Fenster öffnen
- Gesicht waschen
- Zungenschaber benutzen
- Ölziehen
- 2 Minuten Zähneputzen
- Zahnseide benutzen
- 1 Stunde ohne Bildschirm
- Atemübungen machen
- Yoga/Pilates machen
- Glas Wasser trinken
- Gesundes Frühstück
- Vitamine/Probiotika nehmen
- Lesen
- Dankbarkeitsliste erstellen
- Kopfmassage
- Meditation
- Visionboard
- Podcast hören
- Tee/Kaffee trinken
- Tagebuch schreiben
- Gesichtspflege
- Haarpflege
- Ruhe genießen/Nichtstun

- Outfit anziehen, in dem du dich wohlfühlst
- Gutes Parfüm auftragen
- Affirmationen wiederholen
- Gute-Laune-Playlist
- Sport: Laufen, Radfahren
- Dehnübungen machen
- Faszienrolle benutzen
- Kalte Dusche
- Bodyscrub
- Singen in der Dusche
- Smoothie machen
- Haustiere füttern
- Langfristige Ziele setzen
- To-do-Liste für den Tag
- Gesichtsyoga
- Mittagessen vorbereiten
- Neues Rezept ausprobieren
- Schreibtisch aufräumen
- Instrument spielen
- Freundin anrufen
- Füße hochlegen
- Kreuzworträtsel/Sudoku
- Ordnung schaffen
- Bucket-Liste schreiben

Eigene Ideen:

....

....

....

....

....

Meine (ersten) fünf Favoriten:

....

....

....

....

....

Wichtig: Es geht hier nicht darum, dass du so viel wie möglich davon »erledigst«, sondern, dass du ein paar für dich passende Punkte heraussuchst und in deine Morgenroutine integrierst. Starte in deinen Tag. Du schaffst das!

Bitte achte darauf, dass du tatsächlich nur mit *einem* Baustein beginnst, den du nachhaltig in deinen Alltag integrierst. Es ergibt wenig Sinn, wenn du mit vier neuen Gewohnheiten zugleich startest, dann bist du zwar am Anfang übermotiviert, aber schon bald verlässt dich die Muse. Also starte mit *einem* Element für deine Morgenroutine, zieh es durch, bleib dran – ich zeige dir dann auch noch Methoden, die dir dabei helfen. Sobald du eine Routine etabliert hast, kannst du mit einer weiteren beginnen.

Das sagt die Wissenschaft: Routinen einführen

Leichte Tätigkeiten gehen nach 21 Tagen in eine Gewohnheit über. Du musst dann nicht mehr nachdenken und es passiert automatisch. Umso komplexer die Tätigkeit ist, desto länger braucht es, dass sie sich als Gewohnheit in deinem Alltag etabliert. Laut Untersuchungen liegt der Durchschnitt hier bei 66 Tagen.[3]

SCHRITT FÜR SCHRITT ZU DEINER MORGENROUTINE

Bist du bereit für deine Morgenroutine? Dann ziehen wir es gemeinsam durch! Ich verrate dir hier meine Tipps und Tricks, wie es mir gelungen ist, meine Morgenroutine zu meinem Fels in der Brandung werden zu lassen.

1. **Sieh dir die »50 Ideen für deine Morgenroutine« an**. Sind Sachen dabei, die du schon in deinem Alltag machst? Auch gut. Wir aber suchen nach etwas Neuem. Nach einer Routine, die dir hilft, relaxt in den Tag zu starten. Du kannst die Liste auch gerne ergänzen – vielleicht fällt dir noch etwas ein, was du gerne machen willst? Das du gerne integrieren möchtest? Eine weitere Idee? Dann schreibe sie zu den Notizen.

2. **Wähle jetzt fünf Ideen aus**: Welche fünf Ideen würden dir am besten gefallen, welche sind machbar, geben dir Kraft? Nehmen wir an, es wären diese hier:

Yoga
Ölziehen
Glas Wasser
Smoothie
Kalte Dusche

3. **Setze die Ideen in Relation zueinander** und ermittle so den ersten Baustein für deine Routine. Du vergleichst jede Idee mit jeder und schaust, dass das, was für dich wichtiger erscheint, einen Punkt, Strich oder Stern bekommt. Das sieht dann beispielsweise so aus:

Yoga *oder* Ölziehen? (→ Yoga schlägt – in diesem Fall – Ölziehen, also bekommt Yoga ein Sternchen)

Yoga *oder* Glas Wasser? (→ hier wäre das Glas Wasser wichtiger als Yoga, also für das Glas Wasser ein Sternchen)

Yoga *oder* Smoothie? (jetzt weißt du, wie ich`s meine, oder?)

Yoga *oder* kalte Dusche?

Ölziehen *oder* Glas Wasser?

Ölziehen *oder* Smoothie?

Ölziehen *oder* Kalte Dusche?

Glas Wasser *oder* Smoothie?

Glas Wasser *oder* Kalte Dusche?

Smoothie *oder* Kalte Dusche?

Dann wertest du folgendermaßen aus:

Ölziehen – hat kein Sternchen bekommen,

Smoothie * – hat ein Sternchen bekommen, wichtiger als Ölziehen

Yoga **– hat zwei Sternchen bekommen wichtiger als Ölziehen, wichtiger als Smoothie

Glas Wasser ** – wichtiger als Yoga, wichtiger als Ölziehen

Kalte Dusche *** – wichtiger als Yoga, wichtiger als Ölziehen, wichtiger als Smoothie

4. **Ermittle deinen Sieger**. Hier wäre es die kalte Dusche. Sie ist von den Werten her am höchsten und erscheint wichtiger als die anderen Routinen. Bitte immer schauen, ob das Ergebnis für dich machbar ist!

5. **Dein Vertrag – dein Commitment**. Es ist Zeit, dich zu binden und einen Vertrag mit dir selbst zu schließen. Das zeigt, dass du es ernst nimmst, dass du etwas ändern willst – absolut wichtig in Bezug auf

deine Morgenroutine. Fü le den Vertrag mit deiner neuen Morgenroutine in Ruhe aus und lege ihn auf dein Nachtkästchen, damit du ihn siehst. Er ist dein Versprechen an dich, dass du es durchziehst. Ich bin überzeugt, dass du es schaffst.

Mein Vertrag mit mir

Ich, _____, verpflichte mich hiermit, 21 Tage lang meine Morgenroutine durchzuziehen.

Ich weiß, dass ich die Kraft und das Durchhaltevermögen dafür habe.

Ich weiß, dass sich mein Leben dadurch verbessert.

Ich will das und ich schaffe das!

Was ich unbedingt jeden Morgen machen will:

....

....

....

....

Ich bin mir bewusst, dass es an manchen Tagen schwierig und hektisch sein wird. Damit ich auf jeden Fall durchhalte, verpflichte ich mich hiermit, jeden Tag meine Morgenroutine zu absolvieren. Ich werde während der gesamten Challenge wertschätzend und liebevoll mit mir umgehen.

Datum:

Unterschrift:

Hier findest du deinen Vertrag zum Ausdrucken:
     https://www.mamawahnsinn.com/
vertrag_selflove

6. **Last but not least: Nutze einen Habit Tracker!** In einem »Habit Tracker« (habbit, engl.: Gewohnheit) notierst du Jahr und Monat und schreibst deine Morgenroutine auf. Gib jeden Tag ein Kreuz oder einen Kreis ins Kästchen oder male es an, wie es dir am liebsten ist. Solltest du es einmal nicht schaffen, ist das in Ordnung. Starte am nächsten Tag wieder. Lass den Habit Tracker auf deinem Nachtkästchen, so bleibt deine Morgenroutine automatisch in deiner Erinnerung.

Wofür du den Tracker noch nutzen kannst? Wenn du zum Beispiel während des Tages mehr Wasser trinken willst, kannst du diesen Tracker auch für dich nutzen und als weiteren Punkt »Wasser« aufschreiben. Integriere einfach nach und nach Dinge, die dir guttun. Dafür kannst du die Vorlage auf der nächsten Seite nutzen.

WORKSHEET:

Habit Tracker: dreißig Tage, dreißig Schritte zu besseren Gewohnheiten

Monat und Jahr:

....

Gewohnheit: Gewohnheit:

Gewohnheit: Gewohnheit:

Gewohnheit:

....

....

Notizen:

....

....

....

....

Egal, wofür du dich entscheidest: In den ersten paar Tagen funktioniert das Morgenritual noch gut, ich zumindest war übermotiviert. Bestimmt wird es jedoch mühsamer. »Warum soll ich früher aufstehen? Ich schlafe weiter und gönn mir noch ein bisschen Ruhe.« Das habe ich nicht nur einmal gedacht. Es ist jedoch wichtig, konsequent zu bleiben und durchzuhalten. Rutscht dir mal ein Tag »Pause« rein – nicht aufgeben! – sondern am nächsten Tag wieder anfangen. Man fühlt sich nach der Morgenroutine einfach wohler. Und wie gesagt: Wir fangen langsam an und gehen Schritt für Schritt. Nutze den Habit Tracker dazu, fühle dich nicht schlecht, wenn ein Feld leer bleibt, starte einfach am nächsten Tag wieder neu.

7. FITNESS UND SPORT ALS MAMA

DAVOR

Reiten, Laufen, Turnen, Wasserski, Tennis ... Silvie und Gloria konnten immer schon alles. Egal, welche Sportart, das zieht sich wie ein roter Faden durch unser Leben. Meine älteste Erinnerung ist der Schnuppertag beim Turnkurs. Wir waren gerade sieben Jahre alt und gingen gemeinsam hin, nach einem Monat wurde Silvie bereits von der Trainerin gefragt, ob sie nicht in die Leistungsgruppe mit den zusätzlichen Trainingseinheiten kommen will. Zu meiner Mutter sagte die Dame hingegen: »Na ja, mit fast acht ist sie schon ziemlich alt, um anzufangen.«

Ähnlich war es beim Schwimmen und beim Aerobic. Ich war schon immer die, die gerne aus der Reihe tanzte. »Ich mag die Kurse mit dir, du bist mein Highlight. Immer einen Schritt zu spät und schwitzen tust du nie«, so Glorias »liebevoller« O-Ton. Ich war nie die Erste, habe vieles unternommen und ausprobiert, aber die Beste beim Tennis, die Schnellste beim Laufen oder beim Weitspringen war ich einfach nie.

Meine Bewunderung gilt allen Frauen, die sich im zweiten Bildungsweg für eine Yoga-Ausbildung entscheiden und ihre Berufung leben können. Nachdem ich mich schlussendlich spät, aber doch, während und nach meiner Schwangerschaft mit dem Yoga angefreundet habe, hätte ich die Ausbildung gerne gemacht. Es wäre eine schöne Ergänzung zu all meinen Aktivitäten, aber ich bin dafür schlicht zu untalentiert (auch wenn ich mir größere Lachanfälle während des Shavasanas abgewöhnt habe). Ja, ich liebe Yoga, ich mache es bei meiner Morgenroutine jeden Tag, aber viele andere sind besser als ich und zum Lehren und »Vorturnen« reicht es nicht. Tja. Was ich trotz meines unteren bis mittleren Durchschnittskönnens aber immer hatte und habe, ist Neugierde. Ich mag es, Neues zu probieren. Und dabei lasse ich mich von meinem Alter nicht abbringen.

Ein schnelles Beispiel, das gut passt: Nachdem meine Töchter das Wasserskifahren für sich entdeckt hatten und meine ersten Versuche damit vor mehr als 20 Jahren nicht berauschend waren, wollte ich letzten Sommer mit dem Wakeboarden beginnen. Leichter gesagt als getan. Vier gescheiterte Startversuche, bei denen ich mich mit meiner gesamten Muskelkraft gegen den Widerstand des Brettes und des Motorbootes stemmte, und einen wochenlangen Muskelkater später habe ich es wie vieles anderes unter dem Punkt »erfolglos probiert« ad acta gelegt. Vielleicht klappt es bei der nächsten Herausforderung.

WIE WICHTIG IST SPORT FÜR DICH?

Sehr spannend ist hier das Ergebnis bei meinen Insta-Innies, das möchte ich unbedingt mit dir teilen. Knapp 70 Prozent finden Sport und Fitness sehr wichtig, allerdings gestehen sie auch, dass sie viel zu selten dazu kommen. Nur die Hälfte von diesen 70 Prozent kommt regelmäßig dazu, sich sportlich zu betätigen.

Paradox oder nicht, trotz vieler mehr oder weniger gescheiterter Versuche ist mir Sport und Bewegung in meinem Alltag wichtig. Ich will dabei nicht die Beste sein, sondern einfach meinen Körper fordern. Sport und Bewegung helfen mir, Stress abzubauen und die Stimmung zu verbessern. Wie sieht es bei dir und dem Sport aus? Hier kannst du überprüfen, ob du die Ressource Sport schon für dich nutzt:

WORKSHEET:
Wie viel Sport mache ich?

Dein Status quo: Treibst du Sport?

Ja	Nein

Wie oft betreibst du Sport?

1 x pro Woche	2 x pro Woche	3 x pro Woche	öfter

Welche Sportarten tun dir gut? (Notiere sie für dich)

....

....

....

....

....

....

....

WAS UNS MOTIVIERT

Wie du es vielleicht schon angesichts meiner Talentlosigkeit erkannt hast, geht es für mich beim Sport nicht um das Stockerl (den Platz auf dem Siegerpodest) und um das Gefühl, die Beste zu sein. Es ist vielmehr dieses Feeling, etwas für mich und für meinen Körper zu tun. Das gute Gefühl des Stolzes danach. Und Stolz auch auf die Konsequenz, das Dauerhafte, das Nachhaltige. Denn für mich zählen Sport und Fitness zum Bereich Slow Aging. Statt eine wissenschaftliche Studie heranzuziehen, kann ich dir von meinen Beobachtungen von Damen über siebzig berichten, ich kenne mindestens zwanzig Fälle mit verschiedenen und doch Ähnlichen Hintergrundgeschichten. Ich bin mir sicher, du kannst in deiner Verwandtschaft, Bekanntschaft oder Nachbarschaft Ähnliches beobachten: Umso mehr Sport und Bewegung jemand auch im hohen Alter betreibt, umso fitter ist er oder sie. Gerade unlängst war die Mama eines Freundes bei uns – sie ist 72 Jahre alt und passt voller Elan auf ihre Enkelkinder auf. Sie unternehmen gemeinsam Sachen, bei denen sich manchmal zehn Jahre jüngere – weniger fitte – Großeltern schwertun. Sie kocht, spielt Taxi, koordiniert, wandert, besucht Konzerte und Fußballspiele. Obwohl ich es insgeheim schon geahnt habe, fragte ich sie nach ihrem Erfolgsgeheimnis. »Ich mache jeden Tag in der Früh Sport. Ich schalte um zwanzig nach sieben den Bayerischen Rundfunk ein und turne mit. Seit ich das mache, merke ich, dass es mir einfach besser geht.« Das sind keine langen Einheiten, sagte sie, aber das Konsequente machte für sie den Unterschied. »Ich habe 2011 damit begonnen und bin heute besser beisammen als damals.« Auch bei Kathrins Mama sehe ich es. Sie ist aktiv und unternimmt viel mit ihren Enkelkindern. Auch sie turnt regelmäßig zu dem TV-Format »Fit mit Philipp« und achtet darauf, in Bewegung zu bleiben. »Man darf nur nie aufgeben. Wir müssen schauen, dass wir beweglich und fit bleiben«, sagte sie. Eine schöne Geschichte: Nach einem dreifachen Beckenbruch hat Philipp sie mit einer persönlichen Video-Grußbotschaft motiviert.

»Ab einem gewissen Alter wirst du steifer und manches geht schwerer, aber du musst trotzdem dranbleiben«, sagte auch meine Schwiegermutter, die gerne gemeinsam mit Kathrins Mama spazieren geht. Ja, das Dranbleiben ist es – ich merke es selbst. Wenn ich, obwohl weitaus jünger als die Ladys, nicht täglich mein Yoga mache, merke ich, dass ich weniger beweglich werde. Ähnlich ist es mit dem unsexy »Mama-Thema« Beckenboden. Die Übungen dauern nicht lange, ich mache jeden Tag nur ein paar, aber sie helfen meinem Körper und mir sehr viel.

Gesund & glücklich

Die Wirkung von Sport wurde vielfach erforscht. Hier sind einige Gründe, die für ihn sprechen:

- hilft bei gesundheitlichen Problemen
- macht glücklich
- steigert die Energie
- fördert einen besseren Schlaf
- macht Spaß, weil Serotonin und Endorphine ausgeschüttet werden
- hilft zu entspannen
- hilft bei der Gewichtskontrolle
- man kann dadurch eventuell Zeit in der Natur verbringen
- Sport kann gemeinsam mit Freunden und Familie ausgeübt werden
- steigert dein Selbstbewusstsein
- verbessert das Körpergefühl
- steigert deine Ausdauer, um tägliche Aufgaben zu bewältigen
- hilft, Dampf abzulassen
- stärkt dein Immunsystem und man wird seltener krank
- stärkt deine Muskeln und Knochen und entlastet überdies Gelenke und die Wirbelsäule
- macht schönere und straffere Haut
- danach fühlst du dich gut und bist stolz auf dich

SPORT NACH DER SCHWANGERSCHAFT

Bevor ich nun auf talentbefreiten Sport im stressigen Mama-Alltag mit vier (mehr oder weniger) Kids eingehe, ja – *stay tuned!* –, will ich dir noch erzählen, wie ich es während und nach meiner Schwangerschaften gemacht habe. Und worauf du hier achten musst, damit du nicht die gleichen Fehler wie ich begehst.

Schon in der Schwangerschaft hat Sport viele Vorteile für die Frau und das Baby, und da hat man ja (theoretisch) auch noch mehr Zeit, als dann mit einem Neugeborenen. Aber auch nach der Geburt ist es sehr wichtig, sich selbst nicht zu vergessen. Regelmäßige Bewegung tut nicht nur dem Körper, sondern auch der Seele gut, außerdem ist es wichtig, sich nach einer Schwangerschaft (wieder) in seinem Körper wohlzufühlen. Doch wie fängt man am besten mit dem Sport wieder an? Was darf man und worauf sollte man lieber verzichten?

Gewusst wie: Ulli Göbl von *fitundgluecklich.net* zu Sport nach einer Geburt

Nach einer Schwangerschaft sind Bauch und Beckenboden deutlich geschwächt. Durch das Muskelungleichgewicht kann es zu Rückenschmerzen und Problemen wie Inkontinenz kommen. Leichte physiotherapeutische Übungen unterstützen die Kräftigung von Bauch- und Beckenbodenmuskulatur und beugen einer möglichen Gebärmuttersenkung vor.

Am allerwichtigsten ist es, langfristig die geschwächte Körpermitte wieder zu stärken, also den Beckenboden und die Bauchmuskulatur. Die Rückbildung hat höchste Priorität. Vorsicht: Die klassischen Sit-ups sind kontraproduktiv und können eine vorhandene Rektusdiastase (Spalte zwischen den rechten und linken Bauchmuskelsträngen) verschlimmern. Zusätzlich reichen anfangs Spaziergänge mit dem Baby – die frische Luft tut Mama und Kind gut und die Bewegung passiert quasi ganz nebenbei.

Nach dem Wochenbett und einer Grundstärkung des Beckenbodens darf langsam mit Funktionsgymnastik angefangen werden. Arm- und Beinheben aus dem Vierfüßlerstand, Beckenheben, Ausfallschritte, Wandsitz, Kniebeuge. Als Ausdauertraining eignen sich Walken, Rad fahren oder Schwimmen am besten. Mit dem Laufen sollte erst wieder begonnen werden, wenn der Beckenboden vollständig gekräftigt ist. (Das kann auch ein ganzes Jahr dauern, am besten mit einem Physiotherapeuten abklären.) Maximale sportliche Leistungen sollten aufgrund des gewebelockernden Hormons Oxytocin im Sinne einer Verletzungsprophylaxe erst circa sechs Monate nach dem Abstillen ausgeübt werden.

Soweit die Theorie Nach einem Kaiserschnitt beginnt man übrigens etwas später mit dem Training als nach einer natürlichen Geburt, aber man kann auch relativ bald etwas tun. Übungen dazu kennt die Hebamme, die auch sagt, was in deinem konkreten Fall bereits möglich ist.

Auch wenn wir gerne ganz bald unsere alte Figur zurückhaben wollen, sollten wir uns mit dem Sport wirklich Zeit lassen. Ich kann dir aus eigener Erfahrung ein Lied davon singen ... Nach meinem dritten Liebling habe ich es ziemlich schnell übertrieben: Bereits nach fünf Wochen bin ich mit dem Kinderwagen wieder auf meine alte Laufstrecke. »Die Kleine schläft dann so schön, ich kann einen Podcast hören und gleichzeitig etwas für meinen Körper tun«, waren meine (im Grunde gar nicht so üblen) Gedanken. Im Endeffekt war es aber viel zu früh dafür. Die Folgen bekam ich später zu spüren.

SO STÄRKST DU DEN BECKENBODEN
AUCH JAHRE SPÄTER

Ich habe die Rechnung ohne meinen Beckenboden gemacht. Ich weiß, das Thema Beckenboden ist ziemlich lästig, aber gerade für uns Mütter so essenziell: Der Beckenboden beschäftigt uns alle, aber wir sprechen viel zu selten offen darüber. Kein Wunder eigentlich, denn die Erfahrungen können ziemlich unschön sein. Wie bei mir zum Beispiel: Trampolinspringen geht bis heute nicht mehr, aber das ist mein geringstes Problem. Während der vierten Schwangerschaft und auch danach passierte es nicht nur einmal, dass ein paar Tröpfchen (oder besser Tropfen) in meiner Hose landeten, als ich lachen, husten oder niesen musste. »Sorry, aber du wirst nie wieder laufen gehen können«, sagte mir auch meine Hebamme knallhart ins Gesicht. So oder so ähnlich hatte es mir mein Frauenarzt ebenfalls angekündigt. Schuld an dieser Misere war ich selbst. Das Beckenbodentraining nach der Geburt und die Rückbildungsgymnastik nach der dritten Schwangerschaft waren miserabel beziehungsweise, ehrlich gestanden, gar nicht vorhanden. Einen sanften Start habe ich nicht in Erwägung gezogen, bitte mach mir das nicht nach! Wie man mit dem Sport nach der Schwangerschaft richtig beginnt, habe ich erst viel später erfahren. Traurig, aber wahr. Das ist meine Geschichte dazu.

Aber es ist nie zu spät. Mir ist es drei Jahre nach der vierten Geburt mit neuen Gewohnheiten gelungen, meinen Beckenboden wieder fit zu machen, ich kann auch wieder ohne Probleme laufen, lachen, husten oder niesen. »Man sieht, dass Sie etwas getan haben, es hat sich alles viel besser zurückgebildet«, hat mir auch mein Frauenarzt gesagt und mir grünes Licht geben. Was hat mir geholfen? Wie ist es mir gelungen, nach so langer Zeit meinen Beckenboden zu stärken?

HULA-HOOP

Es hat einen riesengroßen Effekt und ich hätte es mir im Traum nicht vorstellen können: Bereits nach zehn Wochen war ein großer Unterschied zu spüren. Das »Hullern« ist ideal für die Stärkung der Körpermitte. Ich habe eine Zeit lang täglich jeweils zehn Minuten in jede Richtung gehullert.

Aber Achtung: Bitte vorsichtig anfangen und die dafür empfohlenen Reifen verwenden. Mein Reifen wiegt 1,2 Kilogramm. Super Tipps findet ihr hier bei der Influencerin Elli Hoop, die sich ausgiebig mit diesem Training beschäftigt. Du musst jedoch auch später darauf achten, dass du es nicht übertreibst. Ich habe mich einmal ziemlich stark gezerrt und den Schmerz anfangs ignoriert beziehungsweise nicht mit dem Hullern in Verbindung gebracht. Seitdem bin ich sehr vorsichtig.

BECKENBODENTRAINER ODER EINE APP

Ich hab mich von Instagram beeinflussen lassen und mir einen Beckenbodentrainer bestellt. Mithilfe der Biofeedback-Technologie und einer App kann man am Smartphone sehen, wann wir den Beckenboden anspannen. Für mich eine super Lösung. Es ist aber auch ohne Trainer, nur via App möglich. Es gibt verschiedene Übungen und ich merke, dass es meinen Beckenboden enorm stärkt, wenn ich kontinuierlich jeden zweiten Tag zur App greife und die Übungen mache.

ÜBUNGEN, DIE DU GUT IN DEN ALLTAG EINBAUEN KANNST

Es ist wichtig, die Beckenbodenübungen auch im Alltag zu integrieren. Beispielsweise Pilates in der Küche oder Rückbildungsgymnastik beim Zähneputzen. Jedoch muss ich sagen, dass das nur eine Ergänzung sein kann, diese Übungen allein haben mir nicht geholfen. Ich zeige dir hier meine Lieblingsübungen.

- **Pilates in der Küche**: Egal, ob beim Broteschmieren oder Kochen: Sobald wir in der Küche stehen, können wir den Bauch und den Beckenboden mit Pilates trainieren. So funktioniert es: Gerade stehen, den Bauch anspannen, den Nabel nach innen ziehen, den Beckenboden anspannen, dabei kippt das Becken leicht nach vorne. Während man mit den Händen und Armen werkelt, gerade bleiben und die Spannung halten.

- **Po-Training beim Zähneputzen**: Ich mache diese Übung eigentlich schon so automatisch, dass ich mir dessen gar nicht mehr bewusst bin. Die nächste Stufe ist ein kleines Thera-Band (Loop), damit ist es noch effektiver. So funktioniert sie: Gerade stehen, in den Loop steigen und bis zu den Knöcheln hochziehen. Während ich die oberen Zähne innen und außen jeweils 30 Sekunden putze, hebe und senke ich das rechte Bein eine Minute lang zuerst zur Seite und dann nach hinten. Das linke Bein ist dann bei den unteren Zähnen dran. Insgesamt sind es vier Minuten (jeweils zwei in der Früh und am Abend) täglich, die den Zähnen und gleichzeitig auch dem Po gewidmet werden.

- **Die aufrechte Haltung**: Als Mama kann man – zumindest ich – ein Lied davon singen: vom Problem der aufrechten Haltung. Zuerst das Baby im Bauch, dann das Stillen mit den größeren Brüsten. Mit meinen Kindern hat sich nicht nur mein Busen, sondern auch meine Haltung verändert, und ich hasse es. Ich bin schlampig geworden und darf mich nicht wundern, wenn meine Mädchen es mir gleichtun und auch alles hängen lassen. Hier habe ich eine Challenge für uns alle. Auch ich ertappe mich immer wieder. Achte wirklich sehr bewusst auf die gerade Haltung und denke öfter daran. Ziehe die Schultern zurück und schiebe die Brust heraus. Einen tollen Anfang macht das »graziöse« Aufstehen vom Stuhl: Bleib beim Hochkommen gerade und lass deinen Körper nicht zusammenfallen. Danach geh gerade weiter. Oder beim Arbeiten am Computer: Denk immer öfter daran, dass die Schultern zurück gehören. Ehrlich, es fühlt sich ja auch viel angenehmer an.

- **Bauchtraining beim Autofahren**: Die Idee stammt von Alex Springenschmidt, einem lieben Freund und Life-Coach. Danke dafür. So funktioniert sie: Setz dich beim Autofahren bewusst mit dem Hintern ganz hinten auf den Sitz und sitz gerade. Lege beide Hände auf das Lenkrad (ist ja eigentlich auch Vorschrift). Beim Fahren kannst du streckenweise und bewusst den Bauch anspannen und den Nabel einziehen. Bleib in den Kurven gerade sitzen und achte darauf, dass dein Körper sich nicht beugt. Bitte bei aller Präsenz den Straßenverkehr nicht vergessen!

MEHR SPORT IN DEN MAMA-ALLTAG INTEGRIEREN

Ganz abgesehen von den Übungen, die wir nach und nach immer regelmäßiger machen können, möchte ich noch darauf eingehen, wie du Sport am besten im Mama-Alltag integrieren kannst. Ich erzähle dir, wie meine Freundinnen, meine Insta-Innies und ich es machen.

ZEITFENSTER NUTZEN

Diese Lösung ist individuell und kann für jede anders aussehen. Gloria fängt zum Beispiel erst um neun Uhr an zu arbeiten. »Ich schaue, dass ich in der Früh, nachdem Pauli das Haus verlassen hat, meinen Sport mache.« Sie hat dann während des ganzen Tages schon das gute Gefühl, etwas für sich und ihren Körper getan zu haben. Auch Billie handhabt es ähnlich, sie versucht, am Wochenende und zweimal unter der Woche ihre Yoga-Sessions unterzubringen. Wichtig ist es, dass wir auch kleine Zeitfenster nutzen, Hullern während des Fernsehens ist auch Sport.

SPORT MIT DEN KINDERN

Egal ob Tennis, Federball, Radfahren, Schwimmen oder Skifahren – auf diese Weise halten wir uns fit und verbringen gleichzeitig Zeit mit unseren Lieblingen. Wir müssen aber nicht immer raus; an kalten, verregneten Tagen habe ich das Wohnzimmer schon in einen Hürdenlauf umgewandelt. Es ist aber auch möglich, gemeinsam zu Mady Morrision und Co. zu turnen.

NUTZE DEN FEIERABEND

»Ich bin zu müde«, »Ich kann nicht mehr« – diese Gedanken kennen wir alle zur Genüge. Wenn wir uns dann aber schlussendlich doch für Sport entscheiden, sind wir wieder fitter und fühlen uns wohler. »Ich liebe es, im Sommer gegen 21 Uhr laufen zu gehen«, sagt Christina. Ich hingegen gehe im Sommer am Abend gerne schwimmen.

SPORT ZU HAUSE ODER IM STUDIO?

Beides gilt und hat seinen Wert. Seit ich Mama bin, spielt sich Sport abgesehen von Laufen oder Radfahren hauptsächlich zu Hause ab. Auch wenn ich es gerne wollen würde, schaffe ich es nicht, ins Fitnessstudio zu gehen, dafür ist die Zeit zu knapp. »Daheim schaffe ich es schon gar nicht. Ich liebe das Fitnessstudio, die Kurse, die Geräte«, sagt wiederum Silvie. Wichtig ist es, dass wir uns selbst motivieren, uns ehrlich vor Augen führen, was zu unserer persönlichen Situation passt und dass wir es für uns einplanen.

FIXER TERMIN

Kontinuität heißt das große Geheimniss! Mach den Sport zu einem festen Termin, plane ihn ein! Ich notiere ihn beispielsweise unter dem Punkt »Gesundheit« im Balance-Tagebuch. Lege immer einen bestimmten Termin fest, an dem du Sport machst, und markiere ihn im Kalender. Manche Fitness-Coaches bieten jeden Tag ein Programm an und helfen uns so, konsequent zu bleiben.

WORKSHEET:
Friends-Challenge

Kathrin und ich haben eine »Friends-Challenge«, bei der wir uns gegenseitig motivieren. Wie du ja schon weißt, haben wir beide vier Kids, »einiges« im Job zu tun und zusätzlich noch den Haushalt und Tiere. Tja, und obendrein sind wir noch viel unterwegs. Für Sport wäre – würden wir ihn nicht planen – eigentlich nicht viel Platz. Um nach den Ferien wieder Motivation zu finden, haben wir uns im Urlaub eine gemeinsame Challenge ausgedacht und ziehen sie mehr oder weniger durch. Magst du auch dabei sein? Willst du es für einen Monat probieren?

Unser Ziel:
Insgesamt fünf »Trainingseinheiten« pro Woche: Zwei Workouts unter der Woche, eins am Wochenende.

Wir greifen ganz simpel und zeitunabhängig zu YouTube oder zu Fitness-DVDs. Super Übungen findest du bei Pamela Reif, Gabi Fastner oder Mady Morrison oder natürlich auch bei Ulli Göbl von *fitundgluecklich.net*.

Die Übungen müssen nicht länger als 20 Minuten sein. Ich versuche, zweimal Bauch & Beine oder Pilates und einmal Yoga zu integrieren. Dazu kommen pro Woche zwei Einheiten Ausdauer: mindestens 30 Minuten lang laufen oder auf den Crosstrainer. Bist du dabei?

Woche I

Workout			
Ausdauer			

Fragen nach der ersten Woche:

Setze dich kurz hin und beantworte für dich diese Fragen.

Wie fühlt sich dein Körper auf einer Skala von 1 bis 5 an, wobei 1 weniger gut und 5 sehr gut ist?

1	2	3	4	5

Was hat dir besonders gefallen, welches Workout möchtest du unbedingt wieder machen? Du musst die Frage nicht beantworten, wenn kein gutes Workout dabei war.

....

....

....

....

....

Woche 2

Workout			
Ausdauer			

Fragen nach der zweiten Woche:

Setze dich kurz hin und beantworte für dich diese Fragen.

Wie fühlt sich dein Körper auf einer Skala von 1 bis 5 an, wobei 1 weniger gut und 5 sehr gut ist?

1	2	3	4	5

Was hat dir besonders gefallen, welches Workout möchtest du unbedingt wieder machen? Du musst die Frage nicht beantworten, wenn kein gutes Workout dabei war.

....

....

....

....

....

Woche 3

Workout			
Ausdauer			

Fragen nach der dritten Woche:

Setze dich kurz hin und beantworte für dich diese Fragen.

Wie fühlt sich dein Körper auf einer Skala von 1 bis 5 an, wobei 1 weniger gut und 5 sehr gut ist?

1	2	3	4	5

Was hat dir besonders gefallen, welches Workout möchtest du unbedingt wieder machen? Du musst die Frage nicht beantworten, wenn kein gutes Workout dabei war.

....

....

....

....

....

Woche 4

Workout			
Ausdauer			

Fragen nach der vierten Woche:

Setze dich kurz hin und beantworte für dich diese Fragen.

Wie fühlt sich dein Körper auf einer Skala von 1 bis 5 an, wobei 1 weniger gut und 5 sehr gut ist?

1	2	3	4	5

Was hat dir besonders gefallen, welches Workout möchtest du unbedingt wieder machen? Du musst die Frage nicht beantworten, wenn kein gutes Workout dabei war.

....

....

....

....

....

Ich bin gespannt auf deine Antworten, du kannst sie mir auch gerne schicken.

Viel Spaß beim Tun!

8. ZIELE SETZEN UND DIE KUNST, SIE IM MAMA-LEBEN ZU VERFOLGEN

DAVOR

*F*riends Talk. »Freilich sind die Gesundheit, das Wohlbefinden und die Entwicklung meiner Kinder mein Ziel, ich will sie auf ein erfülltes und glückliches Leben vorbereiten. Es gibt aber auch noch andere Ziele für mich als Frau, für mich als Person – ich möchte mich zwischen dem Ganzen auch selbst verwirklichen«, sagt Kathrin bei einem Prosecco mit Silvie, Gloria und mir. Diese Prosecco-Konstellation gibt es nur selten, dennoch achten wir darauf, dass wir diese Tradition beibehalten.

Auf der ständigen Suche nach Antworten wollte ich dieses Mal von meinen Freundinnen wissen, wie sie zu Zielen im Zusammenhang mit dem Mamasein und dem Leben im Allgemeinen stehen.

Eines meiner größten Ziele ist es nämlich, dass sich alle – auch du! – ihrer Ziele bewusst werden. Denn wenn wir unsere Wünsche und Visionen kennen, arbeiten wir automatisch in diese Richtung. Unsere Gedanken, unsere Taten, kleine und große Entscheidungen finden den richtigen Weg. Und wir lassen uns nicht ablenken von Kinderkrankheiten, sondern haben das große Ganze und unsere Träume immer vor Augen. Ich bin mir sicher, es steckt so viel mehr in jeder Einzelnen von uns. Das Potenzial schlummert in dir! Es gibt so vieles, das noch geweckt werden kann. Wir können so viel mehr und wissen so viel mehr. Wir sind Mütter. Wir sind Trösterinnen. Wir sind Taxifahrerinnen. Wir sind »Tränen-weg-Macherinnen«. Wir sind Einschlafbegleiterinnen. Wir sind kreative Bastlerinnen. Wir sind vertriebsorientierte Köchinnen (wir schaffen es, Gemüse zwischen den Nudeln verschwinden zu lassen, machen aus Ziegenkäse den Ziegen-Peter-oder-Heidi-Käse, damit die Kids lieber kosten). Wir sind Gamechangerinnen.

Kurze Stille bei meinen Freundinnen. »Ich verstehe das, ich weiß das auch. Ich weiß, dass mein Ziel irgendwo ist – und irgendwann ist Pauli größer und dann habe ich auch Zeit dafür«, fühlt sich Gloria gleich angesprochen. Sie hat vor ein paar Jahren ebenfalls einen Blog gestartet: »Die Glorreiche Familienküche« – mit einfachen und traditionellen Gerichten. Die Zugriffe auf ihre Webseite waren gut, sie war damit auch mehrmals in den Medien, aber irgendwie ist ihr Leben dazwischengekommen. »Es gab eine Umstrukturierung in der Firma und ich habe einfach nicht die Muse dazu. Im Moment. Aber ich weiß, dass es wieder kommt!«, sagt sie. »Dein Blog war genial, er hatte Potenzial. Noch heute sprechen mich Leute darauf an. Ein Kochbuch dazu wäre ein Traum. Es ist so schade!«, wirft Silvie ein und nippt an ihrem Glas. Sie arbeitet in einer aufstrebenden Werbeagentur und weiß, wovon sie spricht, sie kennt sich mit Onlinemedien aus. Schon ziemlich bald nach dem Studium hat sie dort angefangen, zuerst mit weniger Stunden, nach der Trennung von Thorsten dann mit mehr. Inzwischen ist sie zur Geschäftsführerin bestellt worden.

»Wie du das gemacht hast, ist mir so oder so ein Rätsel«, hakt Gloria ein und nimmt einen großen Schluck von ihrem Glas. »Ich glaube, es ist dieses Wenn-du-liebst-was-du-tust-wenn-du-es-machst-Feeling. Es fühlt sich dann manchmal gar nicht wie Arbeit an«, überlegt Kathrin. »Wenn ich an meine Fashion Partys denke, die ich organisiert und durchgeführt habe, als die Kinder noch klein waren, frage ich mich selbst noch, wie ich das geschafft habe. Woher ich die Kraft genommen habe, die gesamte Kollektion am Nachmittag ins Auto zu verfrachten, auf den Berg in ein Hotel zu fahren, dort alles auszupacken, Small Talk zu betreiben und die Sachen zu verkaufen. Danach musste ich freilich wieder alles einpacken, heimfahren und auspacken, denn wir haben das große Auto in der Früh für den Kindergarten gebraucht. Aber trotzdem muss ich sagen, dass es mir Spaß gemacht hat und ich es gerne getan habe. Allerdings würde ich es jetzt nicht mehr wollen. Meine Ziele haben sich verändert, ich will mehr als nur Mode und Fashion. Andere Inhalte«, erzählt sie.

»Ja, wenn du das Glück hast, dass du machen kannst, was dir gefällt, ist es leichter. Es ist frustrierend, den Tag mit unbefriedigenden Tätigkeiten absitzen zu müssen, während du weißt, dass dein Kind im Kindergarten wartet. Aber Gloria, was ist jetzt mit deinem Blog und deinem Buch? Wir wollen mehr!«, sagt Silvie. »Ich

weiß nicht, ob das mein Ziel ist, aber es wird kommen. Nicht heute, vielleicht nicht morgen, vielleicht übermorgen oder vielleicht nächstes Jahr, ich spüre es«, sagt sie.

Ich bin überzeugt davon.

Kennst du dieses Feeling auch? Du weißt, dass etwas in dir steckt, nur bist du dir noch im Unklaren, was genau es ist? Du weißt, da schlummert etwas. Abgesehen von deinen Kindern, deiner Partnerschaft und deinem Job ist da noch mehr. Lass uns gemeinsam auf die Reise und auf die Suche gehen, was das ist, und lass uns dann gemeinsam dein Ziel oder deine Vision in deinen Alltag integrieren. Bei der einen ist es mehr, bei der anderen weniger, aber ich verspreche dir: Es wird dich erfüllen und dir den Drive geben.

Wie auch bei mir. Nach der Geburt meiner dritten Tochter hatte ich ein tiefes Verlangen in mir. Ich wusste, da ist irgendetwas, konnte es aber nicht benennen. Kathrin hatte gerade mit ihren Fashion Partys begonnen, Barbara, eine andere Freundin, hatte mit ihren Yoga-Kursen gestartet. Rundherum änderte sich so viel, und auch ich wollte etwas Neues machen. Mein Problem: Ich konnte vieles so lala, aber nichts wirklich gut. Ähnlich wie ich es dir bezogen auf den Sport erzählt habe. Yoga war also schon mal raus. Einen kurzen Gedankenblitz hatte ich mit einer Tasche, die ich konzipieren wollte, sie sollte zugleich Wickeltasche und IT-Bag sein. Das Grundübel dabei war, dass ich selbst nicht nähen kann. Doch das war mir egal. Ich habe mich bei einer lieben Bekannten aus der Slowakei erkundigt, wie das wäre, wenn das ihre Cousinen für mich machen würden, wie hoch die Spanne wäre, wie wir sie nach Österreich bekommen würden. Nun ja, Kostenrechnung und der Zoll waren noch nie meine Lieblingsthemen. Als ich meinem Mann stolz von meiner ach so tollen Idee erzählte, erklärte er mich für verrückt. »Du hemmst meine Kreativität!«, war meine erste Reaktion. »Das geht rein steuerlich überhaupt nicht«, hielt er vehement dagegen. »Na und, wir müssen es einfach probieren!«, sagte ich. »No way!«, entgegnete er.

Ein Detail, das ich hier vielleicht über ihn verraten sollte: Er machte zu diesem Zeitpunkt eine Ausbildung zum Steuerberater. Also wurde es nichts mit billig von den Cousinen genähten Taschen aus der Slowakei. Der Wunsch, etwas Neues zu machen, war trotzdem da und ließ mich nicht los. Nur was?

Mit der Frage im Kopf blätterte ich an einem Sonntag im März 2015 in der Tageszeitung und sah einen Beitrag über Quirina und ihren Blog *the18thdistrict,* und da war sie, die Idee! Ich kannte Quirina damals nur vom Sehen, sie kam aus der gleichen Stadt wie ich. In diesem Moment wusste ich, dass ich einen Blog starten wollte. Ich hatte über zehn Jahre Marketingerfahrung, kannte mich im Online-Marketing aus, und war vor und während des Studiums immer im Journalismus tätig gewesen. Ich hatte für Tageszeitungen, Wochen- und Monatsmagazine geschrieben. Warum nicht auch für mich selbst? Der Rest ist Geschichte.

TOOLS FÜR DEINE ZIELE

Wie bei unserem Prosecco-Treffen hören wir es immer wieder: Setz dir Ziele! Doch warum eigentlich? Die Idee dahinter ist ganz simpel und im Grunde logisch und leicht nachvollziehbar: Wenn wir wissen, was wir wollen, dann gibt uns das Orientierung und Halt. Durch unsere Ziele fallen uns alltägliche Entscheidungen um einiges leichter, weil wir bewusst abwägen können, ob uns die Handlung unserem Ziel näherbringt oder wir uns dadurch weiter davon entfernen.

Wie ist das bei dir? Hast du bereits ein Ziel, das du leidenschaftlich gerne erreichen würdest? Willst du dir ein neues Ziel setzen? Hast du Ziele in gewissen Bereichen (Familie und Beruf), aber noch nicht in anderen (Fitness und Gesundheit)? Hast du ein Ziel, das von anderen Leuten in deinem Umfeld als »unrealistisch« oder »lächerlich« bezeichnet wird? Oder hast du bereits ein Ziel anvisiert, scheiterst aber bei der Umsetzung?

DEINE ZIELE KLAR FORMULIEREN

Wir alle, jeder und jede Einzelne, hat sie in sich: Träume, Sehnsüchte, Visionen und Herzenswünsche. Bevor wir beginnen, sie für dich niederzuschreiben, möchte ich dich bitten, wirklich in dich hineinzuhören und nur die Ziele aufzuschreiben, die *dir* wirklich am Herzen liegen: nicht die Wünsche, Träume oder Visionen deiner Eltern, deines Partners, deiner

Kinder, deines Vorgesetzten, deiner Freunde, der Gesellschaft im Allgemeinen oder sonst irgendjemandes außer dir selbst. Es sind *deine* Ziele, hier geht es wirklich einzig und allein um dich!

Und noch etwas, das ich vorweg betonen muss: Alle Ziele sind gleichwertig. Wenn jemand Millionär werden, 2000 Angestellte führen oder die Welt retten will, ist das nicht besser oder schlechter als Ziele wie mehr zu lesen, mehr selbst zu kochen oder schöne Regenschirme zu verkaufen. Jeder Wunsch ist berechtigt, egal wie groß oder klein er ist. Es geht nicht immer darum, die Welt zu verändern – es geht darum, deine Welt schöner zu machen, dein Leben glücklich zu leben, dich täglich für deine Ziele einzusetzen und dich zu freuen, wenn du ihnen ein kleines Stückchen näherkommst oder sie gar ganz erreichst.

SCHREIB DEINE BUCKET LIST

Starten wir mit der ersten Idee oder dem ersten Tool, das dich hier powervoll unterstützen kann. Du findest hier eine schöne Bucket List, die darauf wartet, von dir ausgefüllt zu werden. Falls du den Begriff noch nicht kennst: Eine Bucket List ist eine Liste mit Dingen, die man im restlichen Leben noch gerne tun oder erreichen möchte. (Bevor es an der Zeit ist, »den Löffel abzugeben«, auf Englisch »to kick the bucket«.) Es gibt hier keine genauen Vorgaben, das einzig Wichtige ist, dass du diese Dinge gerne tust. Es kann eine ganz wilde und bunte Mischung aus allen möglichen Lebensbereichen sein. Du kannst deine Bucket List entweder hier im Buch ausfüllen oder sie dir mit Hilfe dieses QR-Codes herunterladen.

https://www.mamawahnsinn.com/
bucketlist_selflove

Du musst deine Liste nicht sofort machen. Schau dir dieses und weitere Tools gerne erst an und überlege, was du wann machen willst. Trage dir einen Selflove-Termin in deinen Kalender ein und freue dich auf dieses Ritual. Ratsam ist es, davor eine kurze Meditation zu machen.

WORKSHEET:

Bucket List:
Das will ich alles noch erleben

NOTIZEN

Es geht bei der Bucket List noch nicht darum, dein Hauptziel zu finden und zu wissen, worauf genau du deinen Fokus am besten legen solltest, um dieses zu erreichen. Es geht in erster Linie darum, alle Sehnsüchte, die in dir stecken, auf Papier zu bringen. Du wirst diese Liste höchstwahrscheinlich nicht auf einmal schreiben können, vermutlich wird sie sich eher über mehrere Tage hinweg entwickeln. Wenn du beginnst, über deine Träume nachzudenken, werden sie sich dir nach und nach präsentieren. Du wirst in bestimmten Momenten im Alltag plötzlich denken: »Oh, das will ich auch unbedingt noch erleben/erreichen/ausprobieren!«

Es sollte ein schöner Prozess sein, diese Bucket List für dein Leben zu erstellen, also bitte setz dich hier nicht unter Druck. Es geht nicht um die Anzahl der Ziele, sondern darum, dass du dich bewusst mit deinen inneren Wünschen auseinandersetzt. Ich lass dir ein paar Ideen hier, damit du siehst, dass deinen Wünschen keine Grenzen gesetzt sind:

- vier Kinder haben
- ein alleinstehendes Haus mit Garten haben
- einen eigenen Blog oder einen Podcast betreiben
- mich mit meinem Schmuck selbstständig machen
- mit Haien schwimmen
- nach New York reisen
- Klavier spielen lernen
- Französisch sprechen
- ein Känguru in freier Wildnis sehen
- 3 x die Woche zum Yogakurs gehen
- 5 Kilo abnehmen und das Gewicht halten
- 12 Bücher im Jahr lesen
- ein Kochbuch schreiben
- mit den Kindern am Strand in einem Zelt übernachten

Diese Liste könnte wahrscheinlich noch sehr lange fortgesetzt werden – und das ist auch gut so. Bevor wir aktiv werden, müssen wir verschiedene Ziele aufschreiben und sie klar vor uns sehen. So können wir dann evaluieren, welche für uns am wichtigsten sind. Dieser Schritt ist essenziell, um unsere Ziele zu kennen, zu formulieren und auch zu erreichen. Nimm dir also bitte genug Zeit dafür.

Wenn du deine Bucket List ausgefüllt vor dir hast, gilt es zu entscheiden, auf welche Ziele du dich voll und ganz fokussieren willst. Natürlich wäre es toll, wenn wir alle Punkte im Laufe unseres Lebens abhaken könnten, aber vor allem zu Beginn ist es ratsam, sich nicht zu übernehmen. Wenn wir 15 verschiedene Dinge auf einmal wollen, können wir keines davon wirklich zielstrebig verfolgen, sondern werden uns sehr schnell überwältigt fühlen und letztendlich dann wahrscheinlich keines erreichen.

Um dies zu vermeiden, werden wir mit einem einfachen Ausschlussverfahren deine vier wichtigsten Ziele festlegen. Bedenke bitte, dass es nicht darum geht, welche Ziele für dich am einfachsten oder am schnellsten zu erreichen sind. Du darfst und sollst groß träumen und deine Ziele dementsprechend groß setzen!

Um zu erkennen, auf welche vier Ziele du dich am besten fokussieren solltest, kann ich dir drei verschiedenen Methoden an die Hand geben.

METHODE I

Ganz simpel: Du schaust dir deine Liste an, hörst in dich hinein und versuchst, in deinem Inneren nachzuspüren, welche vier Ziele dir besonders am Herzen liegen. Was steckt noch in dir, das unbedingt verwirklicht werden will? Was wolltest du schon immer für dich persönlich erreichen?

METHODE 2

Du unterteilst deine Wünsche in vier große Lebensbereiche und suchst dir für jeden Lebensbereich einen Wunsch aus. Die Kategorien können natürlich für dich persönlich angepasst und umgeändert werden, bestehen aber meistens aus »Beziehungen«, »Arbeit«, »Gesundheit« und »Freizeit«. Findest du jeweils *ein* Ziel in den vier unterschiedlichen Lebensbereichen?

Beziehungen: Partnerschaft, die Beziehung zu deinen Kindern, Familie, Verwandte, Freunde, Kollegen

Arbeit: Beruf, Selbstständigkeit, Finanzen, Verwirklichung
Gesundheit: Sport, Beweglichkeit, Ernährung, Spiritualität
Freizeit: Hobbys, Weiterbildung, Selfcare, Entspannung

METHODE 3

Das Ausschlussprinzip: Hier schaust du dir alle deine Wünsche an und vergleichst sie miteinander. Schau noch einmal bei dem Thema »Morgenroutine« nach, da habe ich an einem konkreten Beispiel gezeigt, wie es geht: Du vergleichst Ziel 1 mit Ziel 2 und hinter das, was für dich wichtiger ist, machst du einen Strich oder ein Sternchen. Dann vergleichst du Ziel 2 mit Ziel 3 und machst wieder einen Strich oder ein Sternchen bei dem für dich wichtigeren. Danach vergleichst du Ziel 3 und 4. Danach Ziel 1 mit Ziel 4 vergleichen und wieder einen Strich oder ein Sternchen setzen. Das machst du so lange, bist du alle Ziele miteinander verglichen hast. Das klingt vielleicht umständlich, geht aber eigentlich recht schnell und ist auf jeden Fall gut investierte Zeit, weil du danach klar deine 4 Top-Ziele vor Augen hast.
Viel Spaß mit der Bucket List!

DIE MACHT DES VISIONBOARDS

»Schaffe eine Vision des Lebens, nach dem du dich wirklich sehnst, und arbeite dann unermüdlich daran, es Wirklichkeit werden zu lassen.« Diese schönen Worte von Roy Bennett inspirieren mich immer wieder aufs Neue, mich intensiv mit dem Thema Visionboard auseinanderzusetzen. Einerseits für mich und die vielen Facetten meines Lebens (Familie, Beruf, Haus, Urlaub), andererseits aber auch für das Mentoring-Programm, in dem wir schon viele gigantische Sessions mit tollen Frauen hatten und auf die spannendsten Ergebnisse gekommen sind.

Kathrin war auch einmal dabei. Für eines ihrer ersten Visionboards hat sie ein Bild in einer Zeitschrift gefunden, das eine sportliche Lady zeigte, die in einem lässigen Büro neben den Kids sitzt und arbeitet. »Ich mache ja meine Fashion Partys, das passt also nicht, aber es fühlt sich lässig an und ich könnte mir das gut vorstellen«, waren ihre Worte damals. Mittlerweile sitzt sie in einem ähnlichen Office mit inspirierenden Sprüchen an der Wand und ihre Kids laufen dazwischen herum. »Nicht so easy, wie es auf dem Bild vielleicht aussieht, aber für mich dennoch leichter als vorher«, sagt sie. Gemeinsam mit ihrem Mann Dieter, von dem ich dir später noch erzähle, arbeitet sie an einem tollen Leadership-Programm für Führungskräfte.

Ich liebe dieses Tool nicht nur für uns Erwachsene, sondern auch für meine Kinder, die sehr gerne ihr Visionboard erstellen. Kindern schon von Anfang an spielerisch zu zeigen, wie man Ziele finden und definieren kann, wie man sie dann verfolgt und nicht einfach aus den Augen verliert, betrachte ich als wertvolles Geschenk an sie. Meine Mädchen lieben das Ritual, ein Visionboard zu erstellen, und auch mit meinem damals 4-jährigen Sohn habe ich im Sommer eine Mini-Version probiert. Er hat sich seine Sommer-Bucket-List gemalt, Punkte wie Karussell fahren und Erdbeeren essen standen ganz oben. Er hat alles gezeichnet und dann abgehakt, was wir gemacht haben. Denn sind wir mal ehrlich: Wünsche haben wir doch alle. Haben wir auch eine Vision von unserem persönlichen Traumleben?

Und warum ist das Thema überhaupt so wichtig? Fakt ist, dass viele erfolgreiche Menschen auf die Wirkung von Visionboards schwören. In der Wirtschaft ist es gang und gäbe, dass am Anfang des Jahres Ziele aufgeschrieben und dann Maßnahmen zur Zielerreichung formuliert werden, an denen »gearbeitet« wird. Warum schauen wir uns dieses Erfolgsprinzip nicht auch für unser Privatleben ab und holen dabei das Beste für uns und unsere Liebsten heraus?

Visionboards sind wichtig, um deine Träume und deine Wünsche genau zu erkennen; wenn du sie dann tagtäglich vor dir siehst, sind sie ein Motivationstreiber. Ich habe beispielsweise eines meiner wichtigsten Visionboards (erstellt 2020) noch immer in meinem alten Büro hängen, ich gehe tagtäglich mehrmals vorbei und sehe es. Für mich ist es mein berufliches »Wofür«. Auf diesem Visionboard habe ich meine Ideen mit dem Mama-Mentoring-Programm, dem Schwerpunkt Bücher, Slow-Aging, Well-Being, aber auch mein neues Büro mit Studio bildlich dargestellt. Jedes Mal, wenn ich daran vorbei in mein neues Büro/Studio gehe, gibt es mir ein gutes Gefühl, es motiviert mich. Ich habe diesbezüglich noch nicht ausgeträumt! Bist auch du bereit für deine ideale Zukunft? Bist du bereit für deine Visionen?

SO ERSTELLST DU DEIN VISIONBOARD

Nimm dir genug Zeit, um dir darüber klar zu werden, was du dir von und in deinem Leben am meisten wünscht. In meinem Mentoring-Programm haben wir beispielsweise eine gute Einstiegs-Meditation, die Christine Karall für uns entwickelt hat. Du findest bestimmt auch inspirierende Meditationen im Internet. Egal, ob mit oder ohne Vorab-Meditation, setze dich in Ruhe hin und *schenke dir* diese Zeit.

WO STEHST DU? BETRACHTE DEIN LEBEN

Wo stehst du gerade? Wie gesagt: Du kannst hier das Gesamtbild betrachten oder aber auch auf gewisse Kategorien eingehen. Das können unter anderem Familie und Freunde, Karriere und Ausbildung, Liebe und Partnerschaft, Gesundheit und das Wohlbefinden, Kreativität und Freude oder Persönlichkeitsentwicklung sein. Eine wunderschöne Kategorie ist beispielsweise auch der nächste Sommerurlaub.

Überprüfe, wo du stehst, lasse das auf dich wirken und mache dir auch klar, was du nicht (mehr) willst. Zu wissen, was wir nicht wollen, ist genauso wichtig, wie zu wissen, was wir wollen. Du stellst fest, welche Dinge, Umstände und Menschen dir dabei im Weg stehen. Dir wird klar, was dich davon abhält, dein bestes Leben zu führen, und du kannst diese Hindernisse bewusst umgehen oder aus dem Weg schaffen. Deine Routinen zu ändern, schlechte Gewohnheiten durch gute zu ersetzen, kann hier sehr hilfreich sein.

STELLE DIR KRAFTVOLLE FRAGEN

Stelle dir selbst kraftvolle Fragen. Ein kleiner Trick, den ich gelernt habe: Es hilft, wenn du dir vorstellst, wie du dich in Zukunft fühlen willst. Das greift weitaus tiefer als die Frage nach dem, was du haben willst. Wenn wir ein Endziel anstreben, geht es um das Gefühl, das uns das Endziel geben soll, nicht um das Ziel selbst. Denken wir zuerst über die Gefühle nach, gehen wir schon einen Schritt weiter und öffnen unseren Geist für die endlosen Möglichkeiten. Frage also zuerst, wie du dich fühlen willst.

Ein Beispiel:

Familie: Du möchtest gerne mit deiner Familie in den Urlaub fahren. Denke dabei an die Emotionen: Wie fühlt es sich an, deine Kinder zu überraschen, ihnen Freude ins Gesicht zu zaubern? Mit ihnen schöne Erinnerungen zu kreieren? Das klingt um einiges besser als der Urlaub selbst, oder?

Beruf: Du wünschst dir finanzielle Freiheit. Aber ist es »nur« die finanzielle Freiheit oder noch mehr? Möchtest du auch unabhängig bei der Arbeit selbst sein? Deine Arbeitszeit selbst bestimmen?

Ein Beispiel von mir ist dieses Buch, das du gerade in deinen Händen hältst und liest. Ich habe allerdings nicht das Buch mit dem schönen lila-goldenen Titel vor Augen gehabt. Vielmehr ist mein großes Ziel nach wie vor, ganz vielen Frauen und Müttern zu helfen. Ich möchte ganz viele Ladys abholen und dir und deinen Freundinnen Mama-Selflove schmackhaft machen und dir beim Lesen ein Lächeln ins Gesicht zaubern. Und wenn ich dir und vielen anderen Frauen mehr Glitzer und Balance ins Leben bringen kann, gibt mir das ein besseres Gefühl als der bloße Gedanke an den Umschlag. Aber nun schnell zurück zu *deinen* Visionen.

WIE KANNST DU DAS GEFÜHL ERREICHEN?

Wenn du herausgefunden hast, wie du dich fühlen willst, überlege, was dir helfen kann, dieses Ziel zu erreichen. Haken wir beim Beispiel finanzielle Freiheit nach: Ist es tatsächlich die finanzielle Freiheit, kann sie auch durch Büroarbeit oder mehr Stunden erreicht werden? Oder geht es vielleicht eher um Freiheit im Allgemeinen? Dann haben wir eine andere Ausgangslage und du kannst/darfst über deine Ziele anders denken. Was kann dir helfen? Was passt zu dir? Was macht dir Spaß, was gibt dir das Gefühl von Freiheit und womit könntest du Geld verdienen? Hast du ein Hobby? Gibt es die Möglichkeit, hier einen Gewinn zu erzielen? Hilft dir Networkmarketing? Wenn du noch tiefer in diese Materie eintauchen willst, kann dir die Identifizierung deines »Ikigai« helfen. Später mehr dazu.

VISIONBOARD ERSTELLEN UND PROMINENT PLATZIEREN

Nun kommen wir ins Tun! Nimm dir Zeitungen, Zeitschriften und Magazine zur Hand. Nachdem du dich jetzt so intensiv mit deinen Visionen, Zielen und Wünschen beschäftigt hast, finden sich deine Bilder und Zitate fast von allein, das verspreche ich dir. Suche dir die passenden Bilder für deine verschiedenen Wünsche heraus und klebe sie dann auf ein Papier oder befestige sie an einer Pinnwand. Es ist ganz egal, ob du es als Collage oder anders für dich löst.

Bitte nicht vergessen: Häng dein Visionboard an einem Ort auf, den du täglich wahrnimmst. Durch das regelmäßige Auseinandersetzen mit deinen Wünschen findest du mehr Motivation und damit auch mehr Wege, um diese auch tatsächlich zu erfüllen. Ein Visionboard ist keine Zauberei, sondern wirkt auf einer viel tieferen Ebene, denn du visualisierst und siehst regelmäßig deine ideale Zukunft vor dir. Unser Gehirn liebt Bilder, es verarbeitet sie 60 000-mal schneller als Text. Durch dein Visionboard programmierst du dein Unterbewusstsein so, dass es diese Wunschzukunft als deine neue Realität wahrnimmt. Du kannst dein Visionboard auch als deinen Handyscreen verwenden – diese tolle Idee hatte eine meiner Töchter und hat es eine Zeit lang ausprobiert.

FINDE DEIN IKIGAI

Wenn es um das Thema »Ziele finden« geht, darf dein Ikigai nicht fehlen. Hast du diesen japanischen Begriff schon einmal gehört? Er wird auch mit »Lebenssinn« oder »Lebenswert« übersetzt. Ich bin vor ein paar Jahren darauf gestoßen und habe mich auch im Zuge des Mama-Mentoring-Programmes intensiv mit Ikigai beschäftigt. Denn gerade im ratternden Mama-Alltag geht es oft verloren und wir sind uns dessen leider nicht mehr bewusst. Unser Lebenssinn bzw. unser Lebenswert ist in erster Linie das Wohlergehen unserer Kinder, das ist natürlich klar. Aber um unsere Kinder auf dem Weg zu selbstbewussten, glücklichen und selbstständigen Erwachsenen zu begleiten, müssen wir ihnen *die Wichtigkeit der eigenen Ziele* ebenso vorleben. »Mama ist glücklich und das ist gut so!«

Ikigai ist ein japanisches Wort, das den Lebenssinn oder Lebenszweck bezeichnet. Das Streben danach ist ein wichtiges Element in der japanischen Kultur. Daraus erwächst eine Lebensweise, die dabei hilft, die persönlichen Talente, Wünsche und Möglichkeiten zu vereinen. Forscher glauben, dass dieses Leitmotiv – einen Grund zu haben, morgens aus dem Bett zu kommen – neben gesunder Ernährung und Sport dazu beiträgt, dass die Inseleinwohner solche langen, erfüllten Leben führen. Tatsächlich zeigt eine Studie aus dem Jahr 2008, die mit 43 000 Japanern durchgeführt wurde, dass die Ikigaipraktizierenden Teilnehmer ein niedrigeres Risiko für Herz-Kreislauf-Erkrankungen sowie eine geringere Sterblichkeitsrate aufwiesen. [4]

DIE VIER HAUPTELEMENTE VON IKIGAI SIND:

- Etwas, das du liebst und gerne tust
- Etwas, das die Welt von dir braucht
- Etwas, womit du Geld verdienen kannst
- Etwas, worin du gut und talentiert bist

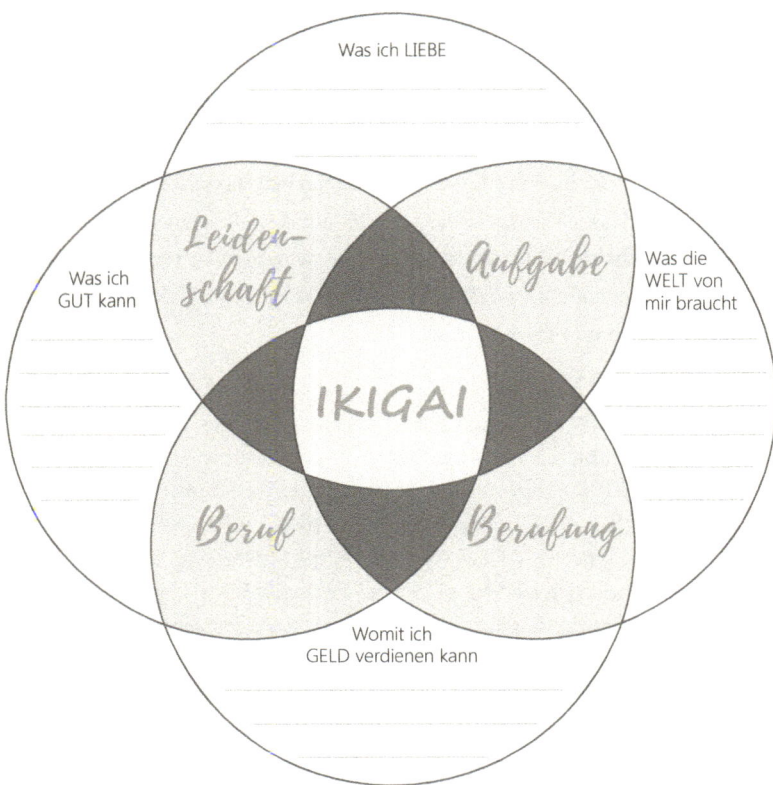

Grafik Ikigai: Sabine Oblasser

Die Suche nach dem eigenen Ikigai ist ein sehr persönlicher Vorgang, aber es gibt ein paar Dinge, die jede von uns anwenden kann, um ihrem Lebenssinn näherzukommen und diesen zu leben. Schau dir die Fragen und die Punkte in der Grafik genau an und fülle für dich die Schnittmengen aus. Nimm dir Zeit, geh in dich.

Was kannst du gut? Was hat du in deiner Kindheit gerne gemacht? Was hat dich in deiner Jugend aufgeheitert? Was liebst du? Was bringt dich in den Flow? Was lässt dich alles rundherum vergessen? Womit kannst du Geld verdienen? Womit kannst du anderen Menschen helfen? Summa summarum ist es wichtig herauszufinden: Wie kannst du deine Leidenschaft, deine Aufgabe, deinen Beruf und deine Berufung vereinen? Und bitte beachte auch hier: Es muss nicht von jetzt auf gleich passieren, lass dir beim Erstellen deines Ikigais Zeit.

Für mich ist mein eigener Vater ein schönes Beispiel: Er hat mit 14 Jahren die Landmaschinentechniker-Lehre begonnen und sich mit Anfang 20 mit einer Kfz- und Landmaschinenwerkstatt selbstständig gemacht. Heute ist er 76 und führt seine Werkstatt noch immer. Es macht ihn glücklich, etwas zu tun und den Menschen zu helfen. Wenn er etwas nicht reparieren kann, tüftelt er und es beschäftigt ihn. »Papa, du hast echt dein Ikigai gefunden. Du machst das, was dir Spaß macht, noch immer, nach so vielen Jahren«, habe ich unlängst einmal zu ihm gesagt.

»Was hab ich?« Er sah mich verwundert an. Der Gedanke an seinen fragenden und verwirrten Blick, als ich »Ikigai« gesagt habe, lässt mich jetzt noch schmunzeln. »Es ist das Wenn-du-liebst-was-du-tust-wenn-du-es-machst-Feeling«, hab ich ihm dann übersetzt. Am Tag seines 76. Geburtstages war er tatsächlich bei einer Kfz-Fortbildung. »Papa, du bist ein Wahnsinn. An deinem 76. Geburtstag gehst du zu einer Fortbildung. Du bist mein Held!«, habe ich gestaunt. »Ich war aber nicht der Älteste«, erwiderte er mit einem Lächeln, »der war 82.«

Es gibt natürlich weitere Tools, die dir helfen können, deine Ziele zu finden. Ich habe dir meine drei wichtigsten, die auch am besten mit dem Mama-Leben zu vereinbaren sind, zusammengestellt. Und ich schreibe es gerne noch einmal, damit du es auch ja nicht vergisst: Lass dir Zeit beim Prüfen und Ausprobieren. Du musst nicht alles sofort und gleich stemmen, und vielleicht passt auch nicht alles für dich. Vielleicht kannst du mit dem Visionboard mehr anfangen als mit der Philosophie des Ikigai oder umgekehrt. In jedem Falle wünsche ich dir viel Glück und Freude beim Tun!

FOKUSSIERT BLEIBEN IN EINER WELT VOLLER ABLENKUNGEN

Wenn das Leben bei unseren Träumen und Visionen dazwischen-kommt … wir Mamas können ein Lied davon singen. »Ich möchte unbedingt die Fotografie-Ausbildung machen, schaffe es aber zeitlich überhaupt nicht und weiß im Moment neben den Kindern und der Arbeit auch nicht, wie!«, jammert Billie, die neben ihrem Bürojob super fotografiert und sich auch gerne verbessern würde. »Es ist meine Leidenschaft, ich mache es so gerne, es fehlen nur ein paar Inputs, die mir helfen könnten, ein bisschen Geld damit zu verdienen.« Sie hat eine Ausbildung bei einem amerikanischen Fotografie-Guru ge-funden und zögert. Nicht nur Billie. Wir alle. Zuerst der Corona-Wahnsinn, dann ist es wieder etwas anderes. Egal, ob in der kleinen oder großer Welt, wir sind vor Ablenkungen und Kinderkrankheiten nicht gefeit. Bei mir genauso: Ich war im Endspurt dieses Buches und was ist passiert? Mein Mann und ein Liebling wurden krank. Ursprünglich hatten wir vereinbart, dass ich vor der Abgabe-Dead-line eine Woche wegfahre und alles in Ruhe fokussiert und gelassen finalisiere. Wie schon gesagt, das Leben lebt und das Mama-Leben besonders. Der kranke Mann forderte doppelten Einsatz und zur Draufgabe hat es noch 50 Zentimeter geschneit. Also bin ich zwi-schen dem Schneeschaufeln und dem Krankenlager im Gedanken an die Deadline ziemlich ins Schwitzen gekommen. Was uns dabei hel-fen kann, im turbulenten Mama-Alltag unseren Fokus zu behalten, verrate ich dir jetzt. Denn unser Fokus lenkt uns alle, auch unsere Gedanken und Emotionen.

VISUALISIEREN DER ZIELE UND VISIONEN

Um unsere Ziele und Visionen tatsächlich präsent zu haben, sollten wir mit richtigem Visualisieren beginnen. Dabei kann es große Un-terschiede geben. Du kannst deine Ziele kennen, sie jedoch im Alltag zwischen dem Kindergarten und der Schule immer wieder aus den

Augen verlieren. Vor allem passiert das, wenn du dich nicht täglich an sie erinnerst. Das betrifft einerseits die großen, andererseits aber vor allem auch die kleinen Ziele.

Was aber heißt eigentlich Visualisieren? Lass dich jetzt bitte nicht abschrecken. Und nein, ich bin nicht zur Esoterik-Mama mutiert. Visualisieren bedeutet, sich Erlebnisse, Umstände, Personen und Dinge genau vorzustellen und sie dadurch greifbar zu machen. Es handelt sich dabei um ein sehr effektives und für jeden zugängliches Konzept.

So habe ich beispielsweise die Firmenstruktur der MW Lifestyleblog GmbH, die hinter meinem Blog, den Mentoring-Programmen, den Büchern und dem Social-Media-Service steht, inklusive der tollen Mitarbeiterinnen, dem coolen Studio und dem Büro schon vor mehr als zwei Jahren für mich auf einem Visionboard festgehalten und tagtäglich visualisiert. Und aus dem Sport weiß ich beispielsweise von Kathrins Mann Dieter Kalt, dem ehemaligen Eishockey-Profi, Speaker und Erfolgscoach, dass Spitzenathleten das auch so machen. Sie fühlen sich in die Situationen hinein, wie sie beispielsweise im Eishockey ein Penalty schießen. Neben dem Training, dem Ins-Tun-Kommen stellen sie sich eine Situation einfach immer wieder vor.

Wie das Visualisieren funktioniert und was ich dabei beachte, verrate ich dir im Folgenden. So viel vorab: Von jetzt auf gleich geht leider nichts. Erfolgreich Visualisieren ist ein längerer Prozess, der Übung und bestimmte Methoden erfordert. Ich versuche mich hier kurz zu halten und fasse dir die wichtigsten Punkte zusammen, die dir weiterhelfen können.

NUTZE DEINE VORSTELLUNGSKRAFT

Wir Menschen besitzen die Fähigkeit, uns gedanklich Dinge und Situationen auszumalen, die (noch) nicht Realität sind. Unsere Vorstellungskraft ist ein wunderbares Werkzeug, das wir bewusst einsetzen können, um unsere Ziele zu erreichen.

Das muss dir am Anfang klar sein:

- Was willst du?
- Was willst du *wirklich*?
- Was möchtest du erreichen?
- Was möchtest du *wirklich* erreichen?

Deine Bucket List, das Visionboard oder dein Ikigai können dir hier gut helfen. Du musst außerdem verinnerlichen, dass alles für dich möglich und auch erreichbar ist. *Dream big* – rede deine Träume nicht von Anfang an klein, lass dich nicht irritieren. Es steckt alles in dir, ich bin überzeugt davon. Du rockst es!

Wie wirst du dich fühlen, wenn du dein Ziel erreicht hast? Wie gehst du dann? Wie sprichst du? Wie bist du dann? Stell dir alles genau vor. Nimm dir kurz Zeit und spüre diesem Gefühl nach. Es steckt so unheimlich viel Kraft und Power in dir! Vergiss dabei nicht: Wenn wir daran arbeiten, unsere eigenen Wünsche zu verwirklichen, funktioniert das schneller und besser, als wenn wir versuchen, den Anforderungen der Gesellschaft oder uns nahestehender Personen gerecht zu werden. Du musst dir wirklich darüber klar werden, was deine eigenen Wünsche sind und was du dir von deinem idealen Leben erhoffst. Ein Beispiel für äußerliche Einflüsse: Nur, weil uns in der Werbung vorgegaukelt wird, dass ein schnelles Auto oder Designerstücke ein Zeichen von Erfolg sind, musst du diese nicht anstreben, wenn es nicht wirklich deinem inneren Verlangen entspricht. Lerne, auf dich selbst zu hören, und stehe zu deinen Idealen.

ERSETZE NEGATIVE DURCH POSITIVE GLAUBENSSÄTZE

»Ich kann das nicht«, »Mathematik liegt mir nicht«, »Ich habe zu wenig Selbstbewusstsein«, das sind alles Sätze, die wir uns vielleicht unbewusst einreden und als Ausreden benutzen, um gewisse Dinge zu vermeiden. Wir merken das manchmal gar nicht und wir wissen eigentlich auch gar nicht, woher diese Gedanken kommen.

Wichtig ist: Stelle für dich fest, in welchen Situationen du diese negativen Glaubenssätze wiederholst, egal, ob unbewusst oder bewusst. Erkenne sie, mach sie madig, frage dich, woher sie kommen. Warum sind sie da? Ersetze sie dann durch positive Überzeugungen. Mit der Zeit merkst du, dass sich dadurch neue Ideen und Möglichkeiten eröffnen, und du machst die Erfahrung, dass eine optimistische Grundeinstellung eine enorme Macht hat, dein Leben zum Positiven zu verändern.

DIE 7 X 7 X 7 TECHNIK

Für kraftvolles Visualisieren gibt es einige wirkungsvolle Methoden. Hier möchte ich dir eine meiner Lieblingstechniken zeigen, die für mich sehr gut funktioniert: Die 7 x 7 x 7 Technik. Es geht dabei um die Macht der Wiederholung und darum, den Fokus auf ein konkretes Ziel, das dir besonders am Herzen liegt, zu lenken. Such dir einen Herzenswunsch aus und formuliere eine Affirmation dazu.

Nehmen wir zum Beispiel Billies Herzenswunsch mit ihrem Foto-Guru-Kurs: »Ich nehme mir die Zeit für mich und mache den Fotokurs. Ich lerne viel dazu und finde meine Erfüllung und meinen Ausgleich beim Fotografieren.«

Für Gloria könnte es so aussehen: »Ich starte und setze meine Buchidee jetzt erfolgreich um. Ich helfe damit vielen Familien, schnelle, einfache, aber auch gesunde Gerichte ins Haus zu bekommen.«

Wie könnte deine Affirmation heißen?

....

....

....

....

....

....

Diese Affirmation wiederholst du je siebenmal morgens und abends an sieben aufeinanderfolgenden Tagen. Wenn du dabei konsequent bist und dich wirklich in deine Zukunft als Fotografin, Kochbuchautorin o. Ä. hineinfühlst, wirst du die Macht dieser Methode deutlich spüren und erleben, wie dies deine Gedanken und Handlungen positiv beeinflussen kann.

KONZENTRIERE DICH AUF DEINE VISION

Jede von uns kennt das: Wir haben 1001 Gedanken im Kopf, vom gestrigen Gespräch mit der Erzieherin und was wir hätten anders sagen können, bis zur Einkaufsliste für den Supermarkt. Regelmäßig abschalten, meditieren oder uns voll und ganz ohne Ablenkung zu konzentrieren, fällt den meisten von uns noch schwer. Die gute Nachricht ist: Es ist möglich. Es erfordert Geduld und Übung, aber wir können alle an den Punkt kommen, an dem wir erfolgreich visualisieren.

Mein Tipp: Nicht aufgeben, wenn ein anderer Gedanke auftaucht (oder viele andere Gedanken), stress dich nicht, lass den Gedanken kommen, lass ihn vorbeifliegen und schick ihn wieder weg. Konzentriere dich auf das Wesentliche, auf dein Ziel, komm wieder zurück zu deinem Thema. Durch regelmäßige Übung machen wir Fortschritte.

FOKUSSIERT MIT DEM BALANCE-TAGEBUCH

Das Balance-Tagebuch kam in diesem Survival-Guide schon öfter vor. An dieser Stelle und beim wichtigen Thema Fokussieren möchte ich näher darauf eingehen. Die kostenlose Vorlage zum Download für dich findest du mithilfe des Codes auf Seite 58 in diesem Buch.

Wie du bestimmt schon mitbekommen hast, hilft mir dieses Tagebuch enorm dabei, im stressigen Alltag meine Balance zu finden.

Das Schöne: Es hilft mittlerweile nicht nur mir. Auch viele andere benutzen es täglich. Ich habe das Buch in (m)einer schwierigen Phase ursprünglich nur für mich konzipiert, ohne jeden Gedanken an eine mögliche Veröffentlichung. Nach und nach habe ich das Balance-Tagebuch mit dem Balance-System für mich entwickelt – zuerst nur auf einem Blatt, dann auf einem Worksheet auch für das Mama-Mentoring-Programm. Mittlerweile ist das Tagebuch aufgrund der großen Nachfrage auch über meinen Blog bestellbar, es wird in Handarbeit hergestellt. Es finden sich darin folgende Elemente:

DANKBARKEITSLISTE

Wir starten jeden Tag mit einer Dankbarkeitsliste. Dieser Start verändert unsere Grundstimmung ganz automatisch. Wichtig ist es, nicht lediglich drei Punkte zu notieren, sondern drei Erlebnisse/Ereignisse zu wählen. So versetzt du dich und deinen Körper sofort wieder in die Situation und kannst sie auch fühlen.

Dankbarkeit: Das sagt die Wissenschaft
Im Zustand der Dankbarkeit werden die Glückshormone Oxytocin und Serotonin produziert. Oxytocin wird oft als »Kuschelhormon« bezeichnet, es wird bei sozialen Interaktionen, einschließlich der Bindung zwischen Eltern und Kindern, sowie bei romantischen Beziehungen ausgeschüttet.

DAS BALANCE-SYSTEM

Im Folgenden geht es um eine kurze Tagesübersicht, um einen Plan für dich. Die Zeilen in dem Tagebuch sind bewusst kurz gewählt, damit du nicht zu viel unterbringen kannst. Der Fokus liegt auf den Themen Familie, Arbeit/Karriere, Gesundheit/Wohlbefinden, Inspiration und Me-Time. Neben den unterschiedlichen Bereichen siehst du dort jeweils ein Kästchen, das für den Abend gilt.

Ich fülle die Bereiche täglich für mich aus. Bei Gesundheit/Wohlbefinden schreibe ich beispielsweise meine Beckenboden-Übungen, einen Lauf mit unserem Hund Cosmo, oder aber auch einfach nur hinein, dass ich mehr Wasser trinken muss. Bei Inspiration stehen Podcasts, ich liebe beispielsweise die Podcasts von Veit Lindau, Brandon Burchard oder auch Jay Shetty. Diese Podcasts inspirieren mich und lassen mich auch kreativer werden, sie lassen meine Gedanken schweifen. Du kannst hier aber auch schreiben, dass du täglich zehn Seiten von deinem Buch lesen willst. Ganz egal, um welche Art Buch es sich handelt. Notiere, was dich persönlich inspiriert.

DEINE VISION, DEIN GROSSES ZIEL

Ein weiterer wichtiger Punkt, den du morgens notieren solltest, ist deine Vision, dein großes Ziel. So behältst du es automatisch tagtäglich im Blick, du schreibst es jeden Tag auf, setzt damit Schritte in die richtige Richtung und lässt es nicht aus den Augen.

BEWERTUNG DES BALANCE-SYSTEMS

Schau dir deinen Tagesplan am Abend in Ruhe und wertfrei an. Hast du alles geschafft, hast du alles gemacht? Bewerte es neutral mit Punkten von 0 bis 5, wobei 0 unterdurchschnittlich oder »leider nicht geklappt, schade« und 5 bombastisch ist. Und: Fürchte dich nicht vor der 0! Auch ich habe öfters Nullen in meinen Bewertungen. Es geht nicht immer alles, wichtig ist die Balance über die Zeit und nicht die tägliche Balance.

WAS MACHE ICH MORGEN BESSER?

Notiere dir hier kurz, was du morgen besser machen wirst. Schreib dir das schlechte Gewissen und den Ballast von der Seele. Ich ziehe bei diesem Punkt das Balance-System heran und versuche damit auch, ein Gleichgewicht zwischen meinen vier Kindern und ihren unterschiedlichen Bedürfnissen zu halten. Denn ich möchte allen vier Kindern gerecht werden.

Es gibt Tage, da brauchen mich die Großen mehr. Diktate, Schularbeiten, Ballett- oder Klavier-Taxifahrten stehen an. Und der kleine Mann läuft halt einfach mit. Mein Mama-Herz blutet, wenn ich daran denke. Wenn ich aber am nächsten Tag bewusst Aktivitäten, intensive Quality-Time mit ihm einplane, wie zum Beispiel puzzeln, sein Lieblingsspiel spielen, geht es mir besser. Ich weiß, dass ich für Ausgleich sorge, das nimmt den negativen Gedanken den Wind aus den Segeln. Deshalb nehme solche Punkte dann gleich mit in den nächsten Tag und plane sie am Vorabend entsprechend ein.

WAS IST HEUTE BESONDERS GUT GELAUFEN?

Nachdem wir das Negative betrachtet haben, versuchen wir, das Positive in den Fokus zu stellen. Notiere dir hier kurz, was an diesem Tag gut gelaufen ist. Konntest du jemanden unterstützen? Hast du etwas Schönes gemacht?

LAST BUT NOT LEAST: ZYKLUS, WOHLBEFINDEN UND STIMMUNG

Die Bedeutung des Zyklus' habe ich schon im Kapitel »Selfcare im Mama-Alltag« genau beschrieben. Ich möchte es nochmals betonen: Die Macht, die in diesem Wissen über uns selbst steckt, ist enorm, und wir müssen diese Superpower viel mehr für uns nutzen. Im Tagebuch kannst du notieren, wie es dir an dem entsprechenden Zyklustag gegangen ist: Welche Gefühle hattest du? Wie war deine Stimmung? Warst du hungriger, leichter zu beeindrucken, kritischer, feinfühliger als sonst? Schreibe dein Befinden auf und notiere auch unbedingt den Zyklustag.

Führe das Tagebuch über mehrere Monate und du wirst sehen, wie sich deine Stimmung wiederholt und du Muster erkennen lernen und einkalkulieren kannst.

WOCHENRESÜMEE

Nach jeder Woche gibt es das große Resümee – du kannst im Balance-Tagebuch deine Stimmung für jede Woche notieren. Wie ist es dir in

den Bereichen Familie, Job, Gesundheit, Inspiration und Me-Time gegangen? So hast du den gesamten Überblick und kannst dir Notizen
machen. Zum Beispiel bei der Me-Time: Hast du immer nur 0 oder 1,
oder war es an manchen Tagen auch besser? So kannst du eine Bilanz
ziehen und überlegen, was du nächste Woche besser machen kannst.

Und keine Angst vor »schlechten« Ergebnissen: Auch ich hatte
schon Nuller-Wochen bei der Gesundheit oder in Bezug auf Auszeiten
und Me-Time. Dann wissen wir es und können daran arbeiten.

Gutes Gelingen! Und wie du siehst: Im Balance-Tagebuch haben
große und kleine Ziele Platz. Meine banalen Beckenbodenübungen
stehen bei mir ebenso drin wie meine große Vision, ganz vielen Frauen
und Mamas mit einfachen und machbaren Impulsen und Inputs das
hektische Leben zu versüßen und mehr Balance und Glitzer in ihren
stressigen Alltag zu bringen.

9. DEINE FREUNDE, DEIN UMFELD

DAVOR

Silvie geht in ihren Routinen, in ihrer Mutterrolle mehr als nur auf. Es gibt Lu, das Studium, Lu ... Dem sonst so geduldigen Thorsten wird die enge Beziehung nach dem unabhängigen Studentenleben, das Fußfassen im festen Job, dazu der wenige Schlaf und die vielen Routinen in Kombination mit Silvies Launen nach und nach zu viel. »Er lässt seine dreckigen Sportsocken am Boden liegen. Sie würden da vier Tage lang vor sich hin stinken, wenn ich sie nicht in die Wäsche tun würde. Letztens komme ich heim und es stehen vier Paar Schuhe im Eingangsbereich. Nicht einmal ich brauche vier Paar Schuhe griffbereit. Er ist unselbstständig und faul, seine Mutter war immer da, hat alles gemacht. Aber ich bin nicht seine Mutter!« So klagt Silvie oft. Nicht leichter macht das Ganze wahrscheinlich auch Silvies Beharren auf ihrer festen Struktur. »Wir haben unsere Regeln und an die müssen wir uns halten. Ich komme sonst mit der Kleinen und dem Studium nicht zurecht.«

Konkret bedeutet das: Wenn Thorsten mit der Kleinen mittwochs bei seiner Mutter ist und sie etwas später als sonst, sprich erst um halb acht, nach Hause kommen, flippt Silvie aus: »Du weißt, ich habe morgen wieder Uni und die Kleine muss in die Krabbelstube. Wir schaffen das so nicht!« Der Konflikt ist vorprogrammiert. »Zum Reden, wie wir es früher so gut konnten, kommen wir überhaupt nicht mehr!«, klagt Silvie. Und wenn die beiden miteinander sprechen, dann streiten sie.

Für mich, die in den beiden immer das Traumpaar sah, ist das eine unvorstellbare und verworrene Situation, die mein innerliches Chaos auch nicht einfacher erscheinen lässt. »Wenn es die beiden nicht schaffen, wie soll ich es dann jemals können? Und überhaupt, mit wem? Ich bin mittlerweile 25!«, geht es mir öfter durch den Kopf. Meine Gedanken driften ab: Michi und Katharina hatten »ihn« letztens tatsächlich an »meinem«

wunderschönen See-Bruschetta-Aperol-Platz getroffen. Hätte ich doch län-
ger bleiben sollen? »*Wir haben damals bei der Feier in der Stadt die Num-*
mern ausgetauscht«, *verraten sie mir so nebenbei. Aha, das hatte ich nicht*
mitbekommen. Ich muss kurz schlucken und spüre ein mulmiges Gefühl
in der Magengegend. »*Er hat geschrieben und gefragt, ob wir uns dort*
treffen«, *erzählen sie mir. Aha. Hätte ich ihnen doch sagen sollen, dass er*
mir irgendwie gefällt? Nun ja, tut er das tatsächlich? Im ersten Moment
bestimmt. Aber auch jetzt noch? Ich will kein warm-kalt mehr. Nein, es
ist sinnlos. Er ist beliebt, sieht super aus, viele Frauen mögen ihn und das
verschmitzte Lächeln letztens war nur wegen meiner doofen Frage. Und
schlussendlich hat er nicht mich, sondern meine Freundinnen nach ihren
Nummern gefragt.

Im Übrigen habe ich ihn neulich kurz – oder vielleicht doch etwas
länger – gegoogelt. Ich habe einige Bilder, Erfolge, Zeitungsartikel mit pri-
vaten Einblicken und sogar ein Foto von ihm mit seinem entzückenden
belgischen Schäferhund gefunden. Was ich dann auch gleich entdeckt habe,
war sein Geburtsdatum. Ich hätte das nicht gedacht, aber er ist zweiein-
halb Jahre jünger als ich. Also für mich quasi eine andere Welt. Er ist 23!
Und dazu Sportler, mittendrin in seiner Karriere und am Anfang seines
Studiums. Und im Moment sehr viel unterwegs. Ich dagegen habe mein
Studium mittlerweile endlich abgeschlossen, jongliere in meinem ersten Job
und hadere mit dem »*Nine-to-Five*«.

Warum denke ich darüber überhaupt nach? Ich hatte im letzten hal-
ben Jahr doch Chaos genug. Er ist nichts für mich, sonst hätte er die An-
wesenheit der dunkelhaarigen Schönheit und der anderen Frauen nicht
so genossen, egal, ob er auf dem Bild mit seinem Hund toll aussieht oder
nicht. Wäre er etwas für mich, hätte er mich und nicht meine Freundinnen
nach der Nummer gefragt.

»*Ich komme nicht mehr an ihn ran. Es ist, als ob er dichtgemacht*
hätte«, *holt mich Silvies Schluchzen wieder zurück. Thorsten wählt nach*
und nach die Flucht. Zuerst nach innen. Dann nach außen. Er ist ein
liebevoller Vater, fühlt sich aber trotz seiner ansonsten so vernünftigen
Haltung der Sache nicht wirklich gewachsen. »*Du weißt, dass ich mehr*

Freiheiten brauche«, sind Thorstens wiederholte Worte, und das ist schluss-endlich auch der Anfang vom unschönen Ende. Diese Freiheiten hatte er früher mit seinen süßen 17 Jahren nicht eingefordert; als Vater, mit 26 Jah-ren, braucht er sie jedoch. Ich bin kein Beziehungstherapeut, kann daher nur als Freundin meine Beobachtungen von der Außenlinie kurz zusam-menfassen: Wahrscheinlich liegt es an der Kombination aus den Pflich-ten eines jungen Vaters und dem Fußfassen im Berufsleben. Mit beidem tun sich viele schwer, das sind zwei enorme Lebensumstellungen. Nichts ist so, wie es war. Dabei waren Silvie und Thorsten für mich immer das Traumpaar schlechthin, sie waren seit ihrer Jugend zusammen, eine fixe Konstante, ohne viel Drama und versteckte Spielchen. Auch wir anderen profitierten damals von Thorstens »Männer-Insider-Wissen« und fragten ihn zum Beispiel, ob das geflüsterte »Du hast heute wieder bombastisch ausgesehen« seines Freundes in der Disco ein Zeichen war oder ob der im-mer so redete. Thorsten wusste Rat und hat uns nicht nur einmal gewarnt.

Schließlich ist die Krise nicht aufzuhalten, Thorsten fängt mit seiner Kollegin Vanessa eine Affäre an. Das Leben mit Lu und Silvie, die sich angesichts der sehr angespannten und für sie logischerweise katastrophalen Lage in die Enge getrieben fühlt, ist Geschichte. Schlussendlich trennen sie sich, als Lu in den Kindergarten kommt. Silvie ist natürlich gekränkt und verletzt. »Von vielen hätte ich das gedacht, von ihm aber nicht«, höre ich noch heute ihre flüsternde Stimme verbunden mit einem Schluchzen.

Das wirklich Gemeine an der Sache ist, dass diese Vanessa tatsächlich auch sympathisch, hübsch und immer bemüht ist. Solidarität hin oder her, es ist leider eine objektive Tatsache – es wäre für Silvie bestimmt leichter, Vanessa als hinterhältige, betrügerische Hexe zu sehen und nur ihr die Buh-Karte zuzuschieben.

DEIN UMFELD IST DEIN HALT

In dieser für Silvie sehr schwierigen Phase und in vielen weiteren Si-tuationen, bei Berufsfindungs-Problemen oder Männer-Wehwehchen, aber auch später im Mama-Leben habe ich gemerkt, wie wichtig Freundinnen und Freunde sind. Der Austausch, das Sprechen, das Analysieren – alleine ist man oft befangen, sieht den Wald vor lauter Bäumen nicht mehr und der Blick richtet sich nur auf die eigene Wahrnehmung. Der Austausch und das Miteinander-Reden tun einfach gut. Egal, ob beruflich oder privat.

Lustigerweise habe ich hier mit jeder einzelnen Freundin meine »gemeinsamen« Themen. Betrifft es die Männer, alte und neue Geschichten, aufkommende und bleibende Gedanken, Gesprächsanalysen, nervende Männer-Kommentare, war und ist Gloria meine erste Anlaufstelle. Wir resümieren und analysieren auch Jahre später noch Couchgeschichten.

»Weißt du noch, als ich dann plötzlich im Kinderzimmer des Typs stand? Er hatte noch ein David-Hasselhoff-Poster dort hängen«, so hat sie mich gerade letztens bei unserem Telefonat wieder zum Lachen und 20 Jahre zurück gebracht. Ich kann mich daran erinnern, als ob es gestern gewesen wäre. Auch an die gemeinsamen Fondue-Abende und verkappten Partnerschaftsvermittlungen. »Wir wissen halt auch fast alles voneinander«, sagt sie

Mit Kathrin ist es wieder anders ganz intensiv, wir ticken so ähnlich, kommen – ohne es zu vereinbaren – überall zeitgleich an. Ja, auch fünf Stunden später als ursprünglich gedacht, unabhängig voneinander am gleichen Ort in Kroatien. Oder immer wieder im Kindergarten.

Angefangen hat es mit den Kindern. Kathrins Kinder sind fast im gleichen Alter wie die meinen, auch die zwei jüngeren. Sie hat wie ich drei Töchter und als Jüngsten einen Sohn. Wir reden über Themen, Probleme, Geschehnisse, die viele andere nicht verstehen können. Unsere Kinder gehen in die gleichen Klassen, zusammen zum Ballett, gemeinsam in den Hort, in den Kindergarten, zum Fußball – wir haben so viele Anknüpfungspunkte, sodass wir uns oft vertraut austauschen können.

Aber wir haben uns auch über die Kinder hinweg zusammen weiterentwickelt und tauschen uns tagtäglich beruflich aus. Kathrin inspiriert mich, sie gibt mir hilfreiche Informationen, ich schicke ihr wiederum alles, was ich entdecke und sie brauchen könnte. Kathrin war und ist immer die Erste, die meine Blogposts liest. Ohne sie wären einige Fehler drin. Auch bei diesem Buch. Sie hilft mir, unterstützt mich, gibt mir wertvolle Inputs. »Verenisch versteht nicht jeder«, sagt sie oft und entwirrt meine vielen herumfliegenden Gedanken.

Obwohl wir gerade als Eltern sehr wenig Zeit für unsere Freunde haben, dürfen wir uns glücklich schätzen, dass wir sie haben. »Es ist egal, wir hören uns Wochen nicht, und dennoch sind wir da«, sagt Gloria. So empfinde ich es auch. Ich würde gerne öfters weitere Freundinnen treffen, mit denen ich im Moment vielleicht nicht mehr so viel zu tun habe oder die ich leider viel zu selten sehe. Und wenn wir uns treffen, fühle ich mich sofort mit ihnen verbunden, ich freue mich und wir knüpfen gleich wieder an das letzte Mal an. Ich hoffe für später, dass das so bleibt und dass dieses sofort wieder »Connected-Sein« und das vertraute Gefühl den Zeitmangel wettmacht.

WARUM SIND UNSERE FREUNDE SO WICHTIG?

Es ist eine Tatsache: Die Menschen, mit denen wir den größten Teil unserer Zeit verbringen, beeinflussen unser Leben enorm. Deshalb möchte ich mich mit dir in diesem Survival-Guide auch auf diesen Lebensbereich konzentrieren. Lächeln und gute Laune sind ansteckend. Dasselbe gilt aber auch umgekehrt: Schlechte Laune und negative Emotionen übertragen sich ebenso auf die Menschen in der Umgebung. Wir passen uns alle automatisch unserem Umfeld an.

Die Menschen, die dir am nächsten sind und mit denen du die meiste Zeit verbringst, prägen dein Leben daher in großem Ausmaß. Das betrifft unter anderem dein Denken, deine Freizeitaktivitäten, deine Sichtweisen und deine Gespräche.

Vielleicht kennst du das Zitat von Jim Rohn: »Du bist der Durchschnitt der fünf Menschen, mit denen du die meiste Zeit verbringst.«

Dabei finde ich besonders interessant, dass nicht nur körperlich anwesende Menschen gemeint sind. Hast du zum Beispiel einen Lieblingsautor, dessen Werke du regelmäßig liest? Dann gehört dieser Mensch mit seinen Gedanken oder den Themen seiner Bücher zu deinen fünf Personen.

Wichtig ist, sich bewusst zu werden, wie groß der Einfluss von den Menschen in unserem Umfeld tatsächlich ist. Und dass wir selbst entscheiden können, mit wem wir viel Zeit verbringen und mit wem wir uns umgeben. Um tiefer in das Thema einzutauchen, möchte ich dir gerne ein paar Denkanstöße geben.

Die Bedeutung deines Umfelds

Wir sind soziale Wesen und unser Gehirn wächst in einem sozialen Umfeld. Dein Umfeld färbt auf dich ab. Wähle weise, mit wem du dich umgibst. Die Menschen, mit denen wir zusammen sind, erhöhen oder senken unsere Standards. Wir werden wie unsere Freunde. Kein Mensch wird allein großartig. Dein Umfeld ist das sichtbare Ergebnis deines Inneren. Durch dein Selbstbild oder deine Sicht auf die Dinge ziehst du genau die Menschen in dein Leben, die dir das widerspiegeln. Gefällt dir, was du siehst?

Lies die Fragen im nächsten Worksheet immer wieder durch, um sie zu verinnerlichen. Nun können wir besser verstehen, warum die Menschen, mit denen wir die meiste Zeit verbringen, so wichtig sind. Und wir können unser Umfeld genauer analysieren und vielleicht verändern. Das heißt jetzt nicht, dass wir manche Menschen bewusst meiden sollten, sondern eher, dass wir bewusst entscheiden können, mit wem wir uns treffen *wollen*. Du spürst es und du weißt, wer dir guttut und wer nicht. Schau, dass du öfter die Menschen in dein Leben bringst, die dich wachsen lassen, die dich bereichern, mit denen du dich toll austauschen kannst. Gerade für uns Mamas ist das nicht immer einfach, der Alltag und so vieles kommt dazwischen. Aber jedes Mal, wenn ich Kathrin, Gloria, Silvie und meine anderen Freundinnen treffe, tut es mir ungemein gut.

Grenze dich von den Menschen ab, die dir nicht guttun. Lass beispielsweise deinen Kollegen, der an allem etwas auszusetzen hat, einfach reden, genauso wie die Mama von Jonas (Name beliebig austauschbar), die mit jedem Wort ihr Kind über den grünen Klee lobt und alle anderen (dich einbegriffen) doof und dumm aussehen lässt. Ihre Meinung braucht dich nicht zu kümmern.

WORKSHEET:
Reflexion über deine Kontakte

Ich habe die Erfahrung gemacht, dass Mentoren ungemein dabei helfen können, meine Ziele zu erreichen oder die verschiedenen Bereiche meines Lebens zu verbessern. Suche dir deine persönlichen Vorbilder. Das können Personen aus deinem Umfeld sein oder auch Menschen, die ihren eigenen Lebensweg und ihr damit verbundenes Persönlichkeitswachstum mit anderen teilen, zum Beispiel in Podcasts und Büchern. Nimm dir ein Beispiel daran und schaue dir von diesen Menschen ab, wie sie es geschafft haben zu wachsen. Ich lass dir nun einige Fragen hier und bitte dich, dir die Zeit zu nehmen, sie detailliert zu beantworten. Dadurch kannst du viele Erkenntnisse gewinnen und Wegweiser finden.

- Helfen mir meine Freunde dabei, eine bessere Person/Mutter/ Geschäftsfrau/Angestellte/Ehefrau zu werden?
- Kann ich drei Menschen nennen, die positiv zu meiner kontinuierlichen Weiterentwicklung beitragen?
- Schränken mich meine Freunde ein? Wenn ja, in welchen Bereichen?
- Welche fünf Freunde tun mir gut?
- Wie kann ich es schaffen, bewusst mehr gemeinsame Zeit mit diesen Freunden zu verbringen?

- Wer gehört zu meinem Support-System? Gibt es Menschen, die ich mitten in der Nacht anrufen könnte und die für mich da wären? Wer fällt mir ein?
- Wie bringen meine engsten fünf Freunde Mehrwert in mein Leben?
- Wie kann ich es schaffen, Mehrwert in ihr Leben bringen?
- Warum bin ich dankbar für diese Beziehungen?

Geh diese Fragen durch und versuche, sie ausführlich und ehrlich für dich zu beantworten. Deine Antworten auf diese Fragen werden sich kontinuierlich verändern. Stelle sie dir in unterschiedlichen Phasen deines Lebens immer wieder. Das kann dir dabei helfen, dich mit positiven Beziehungen anstatt mit negativen Einflüssen zu umgeben und dies wird dein persönliches Wachstum enorm vorantreiben. Natürlich darf es in jedem Leben auch Platz für »zweckfreie« Freundschaften geben. Aber guttun sollten uns die Menschen, die wir als Freunde bezeichnen, schon.

Wenn du bei gewissen Antworten tiefe Dankbarkeit für bestimmte Personen in deinem Leben empfunden hast, dann lass es sie wissen. Schreib ihnen eine Nachricht oder ruf sie kurz an und sag ihnen, wie wichtig sie für dich sind und wie dankbar du bist, sie in deinem Leben zu haben.

WERDE KREATIV: SO TRIFFST DU DEINE FREUNDINNEN ÖFTER

Ich habe gefühlt immer zu wenig Zeit für meine Freundinnen. Vor allem als die Lieblinge noch kleiner waren, war es Improvisation pur. Zugegeben, die eine oder andere Idee ist schon recht abgefahren, zum Beispiel:

Gemeinsamer Friseurtermin: Kathrin und ich haben das schon ganz oft gemacht. Vor allem, als unsere Kids noch jünger waren. So haben wir uns gesehen, konnten uns in Ruhe unterhalten und austauschen, ohne dass wir dauernd unterbrochen wurden. Wir waren auch schon gemeinsam bei der Kosmetikerin und haben die exklusive Zeit bei einem Prosecco genossen. Ein Highlight aus der jüngsten Vergangenheit: Ein gemeinsamer Termin bei unserem Frauenarzt, den Kathrin vorher ausgemacht hat. Freilich nacheinander, aber wenn man sowieso länger warten muss? Wir jedenfalls hatten im Wartezimmer ebenso großen Spaß wie sonst auch.

Gemeinsame Hobbys der Kinder: Ballett, Reiten, Tennis, Fußball – die Kinder wollen viel ausprobieren. Auch hier haben wir gemeinsam probiert und jongliert. Alleine wäre es mir unmöglich gewesen. Hätte ich alle vier Kinder immer alleine zu ihren Hobby-Terminen fahren müssen, hätte ich tatsächlich mein Auto gelb lackieren lassen und ein Taxi-Gewerbe anmelden können. Wir teilen uns die Fahrdienste auf, und wenn das nicht nötig ist, genießen wir auch die Zeit dort: Gemeinsam den Kindern beim Fußball, Ballett oder Reiten zuzuschauen, macht doch gleich viel mehr Spaß.

Den Job der Freundinnen nutzen: Das passiert im Moment leider viel zu selten, steht aber ganz oben auf meiner To-do-Liste. Ich habe es früher viel regelmäßiger gemacht. Ich muss unbedingt wieder zu meiner Freundin Barbie, sie ist Yoga-Lehrerin. Gloria arbeitet in einem Reisebüro, und nicht nur einmal habe ich sie um Rat gebeten. Das Gleiche gilt aber auch für ihren Blog. Wenn ich ein Rezept oder einen Haushaltstipp brauche, rufe ich sie an. Als Kathrin den Fashion Store hatte, habe ich auch das sehr genossen, ich habe vorab viel probiert, sie kennt meinen Geschmack und hat extra Sachen für mich aus Italien mitgebracht.

Spontane Treffen: Habe ich ein kurzes Zeitfenster zwischen dem Ballett und dem Fußball und will nicht unbedingt nach Hause, rufe ich immer gerne Gloria an und fahre spontan zu ihr. Sie wohnt mitten in der Stadt und ich spare mir so Zeit und Sprit. Das geht allerdings nur bei richtig guten Freundinnen, bei Gloria kann ich mich immer einladen und bekomme auch noch etwas zu essen. Merci dafür!

Businessdates, Businesstrips und neue Ideen: Auch hier versuche ich immer, vieles unter einen Hut zu bringen. Catrin, auch bekannt als CookingCatrin, und einige andere Influencerinnen und Bloggerinnen sind zu Freundinnen geworden. Ich treffe sie gerne und wir tauschen uns aus. Es gibt immer wieder tolle Bloggerveranstaltungen, wo ich einige persönlich Beziehungen das ist einer der schönsten Seiten des Jobs.

10. PARTNERSCHAFT UND ANDERE TROUBLES

DAVOR

»Der Platz am See ist ein echter Geheimtipp! Es war ein lustiger Abend. Wir haben bis lang nach Mitternacht dort gesessen und sind danach sogar noch schwimmen gegangen«, erzählen Michi und Katharina, als wir uns auf einen After-Work-Prosecco in einem entzückenden Café in der Fußgängerzone der Innenstadt treffen. »Oh, sie waren schwimmen …«, denke ich mir, und trotz des lauen Abends kommt ein komisches Brennen in mir auf. »Du hast aber nichts versäumt, die Jungs kommen später so oder so noch vorbei. Sie sind noch immer in Feierstimmung und im Moment viel unterwegs, sie haben gerade eine Message geschickt«, sagen sie.

Bitte was?! Schnell nippe ich an meinem Glas, damit mir niemand meine Verlegenheit anmerkt. Damit habe ich jetzt nicht gerechnet. Meine Freundinnen haben sich zwar mittlerweile öfter mit ihnen getroffen, und zusammen etwas unternommen, aber ich war nie dabei. Ich komme im Moment zu nichts, verbanne mein Gedankenchaos und stürze mich in die neue Arbeit. Erst einmal muss ich schauen, dass ich mich einarbeite und zurechtkomme. Trotzdem checke ich kurz mein Outfit. Ich habe ein dunkelblaues Sommerkleid an, ein Basic, das irgendwie immer passt, dazu Sandalen, ich komme direkt aus dem Büro und fühle mich müde und geschlaucht, ein bisschen wie durch den Kakao gezogen. Am liebsten würde ich aufstehen und nach Hause gehen.

»Hi, da seid ihr ja«, höre ich plötzlich eine tiefe, freundliche Stimme. »Zu spät! Jetzt hilft nur noch die Flucht nach vorne«, denke ich mir, als die drei jungen Männer bei uns stehen. Er ist einer davon. Er trägt eine lässige Bluejeans und dazu ein weißes Hemd, sein in der Stadt sehr bekanntes Vereinslogo ist in Weiß auf der Höhe seiner linken Brust draufgestickAlle drei sind gleich angezogen, der Wiedererkennungswert ist nicht nur für mich gegeben. Auch die Leute um uns herum dürften sie erkennen, sie grüßen sie. Gleichzeitig werfen sie aber auch uns einen Blick zu, der etwas länger

anhält, als mir lieb ist. Wir werden von allen Seiten gemustert. »Shit – ich hätte doch mein Make-up auffrischen sollen!«, kommt mir der Gedanke, aber es ist zu spät.

»Sorry für den Einheitslook, wir müssen dann noch zu einer Vernissage. Deshalb heute schick mit Hemd und nicht das gewohnte Shirt.« Er grinst, wahrscheinlich hat er meinen leicht verwirrten Blick richtig gedeutet. »Habt ihr in der Zwischenzeit noch ein Plätzchen frei?«, fragt er in die Runde.

»Klaro! Wir haben schon mit euch gerechnet!«, sagt Michi und winkt gleichzeitig den Kellner her. Sie organisieren sich vom Nebentisch Stühle, die ein paar Minuten davor frei geworden waren. Zu sechst sitzen wir um den kleinen, runden Metalltisch, der an den Füßen mit einem Bierdeckel »austariert« wurde. Eine etwas wackelige Angelegenheit und eine riskante Sache für mich. Es wäre nicht so abwegig, dass ich es mit einer unbedachten Bewegung schaffen könnte, diesen Tisch wieder in Schieflage zu bringen. Und alles darauf Befindliche ins Rutschen.

»Denkst du, was ich denke?«, grinst mich Katharina an, als sie mir beim Inspizieren und Betrachten des Tisches zusieht. »Mhm ... ja! Wäre ja auch nicht das erste Mal«, sage ich. »Nur heute weitaus unpassender«, denke ich mir dazu.

»Wir zwei!« Sie lacht laut auf.

Tja, uns beiden ist das tatsächlich schon passiert, unabhängig voneinander. Wir haben beide ein Talent für Slapstick, und nicht nur dafür habe ich sie in mein Herz geschlossen. Wir versuchen nun bewusst, Abstand von dem für unsere Runde definitiv zu kleinen Tisch zu bekommen, indem wir alle ein Stück nach hinten rutschen. »Das Bild von außen muss herrlich sein«, denke ich mir, und könnte im Erdboden versinken, als just in diesem Moment der Grund meines trüben Winters vorbeispaziert und uns entdeckt. Er beobachtet uns im Vorbeigehen. Er entdeckt, mit wem ich dort sitze, er erkennt das Vereinslogo, er erkennt die Jungs. »Was, seit wann interessiert dich das? Sport?« Sein verständnisloser Blick spricht Bände, ich kann seine Gedanken über die vielen Menschen hinweg förmlich wie in einer Sprechblase lesen. Schließlich dachten wir einmal, wir würden uns kennen, gut sogar. Seine Augen werden schmäler. Er schüttelt leicht und *ungläubig seinen Kopf und blickt mir direkt in die Augen. »Nein, sag bitte nichts, nicht herwinken«, flüstere ich Katharina schnell zu, als ich sehe, wie sie die rechte Hand anhebt und sich dazu anschickt, in seine Richtung zu rufen. »Okay«, sagt sie erleichtert. »Ich dachte, du willst es. Aber so ist es eindeutig besser.« Lächelnd nimmt sie ihre Hand wieder herunter, dreht sich zu einem der Jungs um und plaudert mit ihm.*

Das Wetter ist herrlich, ich mag diese lauen Sommerabende. Noch mehr genießen könnte ich den Abend wahrscheinlich, wenn ich davor kurz nach Hause in meine Wohnung gegangen wäre, um mich ein wenig frisch zu machen.

Obwohl wir es im engen mediterranen Gastgarten geschafft haben, die Stühle ein wenig voneinander zu trennen, sitzt er plötzlich wieder gefährlich nahe bei mir. Ich kann sein Aftershave riechen, seine Haare sind noch leicht nass von der Dusche. Mir wird ganz heiß. Im Grunde hätten wir ausreichend Platz, sodass wir nicht Knie an Knie nebeneinander kleben müssten, unsere Körper müssten sich theoretisch nicht unbedingt berühren. Dennoch spüre ich seine Jeans, sein Knie und sein Schienbein, das er ständig zu mir bewegt. Ich blicke zu seinem Knie und sehe auf. »Schön, dass du heute mit dabei bist. Ich habe dich ja ewig nicht mehr gesehen«, fängt er meinen Blick auf. Er fährt sich dabei lässig durch die Haare und lächelt mich an. »Meint er jetzt tatsächlich mich?«, frage ich mich insgeheim noch immer und blicke schnell nach links und nach rechts. Nein, da ist niemand anderes, Katharina und Michi unterhalten sich.

»Tja, es ist gerade etwas stressig. Ich habe einen neuen Job und muss mich einleben«, antworte ich knapp, während ich etwas nervös an meinem Prosecco nippe. »Wo hast du zu arbeiten begonnen?« – »Kenne ich die Firma?« –»Was machst du genau?« – »Ist das dein erster Job?« – »Hast du studiert?« »Ach, echt, und wo?« – »Macht dir die Arbeit Spaß?« Ich bin etwas verwundert. Von ihm kommen Fragen über Fragen. Ich beantworte sie nach und nach, während wir ein weiteres Getränk bestellen. »Was ist da los? Er spricht sonst nicht so viel«, flüstert mir Michi ins Ohr und grinst.

Von sich erzählt er nicht viel, er will mehr von mir wissen. Er verrät mir nur, dass er derzeit sehr viel unterwegs ist und dass das »während der

Saison« – wie er den Herbst und Winter bezeichnet – nicht der Normalfall ist. »Mein Leben ist sonst recht fad. Training. Schlafen. Spiel. Training«, sagt er. »Und die dunkelhaarige Schönheit, die immer um dich herumschwirrt«, ergänze ich, ohne es eigentlich zu wollen. »Wen meinst du?«, fragt er mich leicht irritiert. »Das hübsche Mädchen mit den blauen Augen, das oft in deiner Nähe ist und mit dem du dich immer sehr angeregt unterhältst.« »Oh, das ist Viktoria. Die Schwester eines Freundes. Kennst du sie nicht?«, fragt er mich verwundert. Aha!

»Jetzt kommt zum Glück eh die Fußball-EM. Da wird es für uns wieder ruhiger«, lächelt er und biegt meine peinliche direkte Frage von vorhin in eine andere Richtung. Noch leicht verwirrt von der Tatsache, dass das Mädchen die Schwester eines Freundes ist, höre ich nicht wirklich zu. Ich schnappe in diesem Moment nur das Wort Fußball auf, das E von EM überhöre ich leider. Anders kann ich mir diesen nächsten Gedankenblitz nicht erklären. »Oh, Katharina, hast du das gehört? Weißt du noch, wir haben doch unsere Brasilien- und Argentinien-Shirts. Die sind perfekt für die Fußballspiele, unsere Outfits sind komplett«, überkommt es mich, und ich stapfe vor allen Anwesenden ins nächste Fettnäpfchen. »Da werden sich die Argentinier aber sehr freuen, wenn sie endlich auch mal bei einer Europameisterschaft starten dürfen«, sagt er. Alles lacht. »Congrats, Verena. Das war's!«, denke ich mir, als sich die Jungs dann verabschieden und zu ihrer Vernissage gehen.

Ich könnte hier noch ewig schreiben, dir von meiner Aufregung erzählen, wie es war. Wie ich gezittert habe. Wie unsicher ich mir war. Wie peinlich mir das Ganze war. Am liebsten hätte ich mir ein Loch, nein, einen bombastischen und riesengroßen Krater am Alten Platz in Klagenfurt gegraben und wäre dort stante pede im Erdboden versunken. Mitsamt des wackeligen Tisches, den ich natürlich danach auch noch umgeworfen habe. Wenn schon, denn schon ... Zwei Tage lang habe ich gegrübelt, bis ich plötzlich eine SMS bekam. Der Absender war eine mir unbekannte Nummer. »Hi! Hast du Lust? An ›deinem‹ Lieblingsplatz am See übertragen sie ein Fußballspiel. Kommst du mit? Ich habe Plätze reserviert. Du kannst auch gerne dein Argentinien-Shirt anziehen! x H.« Mein Herz

pocht. Die Nummer dürfte wohl ihm gehören. Woher hat er sie? Und ist er
es tatsächlich? Ist es ein Scherz? Ich greife zu meinem (noch nicht smarten)
Handy, suche umständlich meine Freundinnen aus der Kontaktliste heraus
und rufe schnell Katharina und Michi an. Ich vergewissere mich bei ihnen
und frage nach, ob sie von dieser Übertragung auch wissen und ob sie auch
schon zugesagt haben. »Oh, das klingt toll! Haben sie jetzt tatsächlich auch
eine Leinwand dort? Wir müssen hin! Aber wir haben noch nichts gehört«,
sagen sie.

»Gerne. Wie viele Plätze hast du reserviert?«, schreibe ich daraufhin
an H. »Zwei« – bekomme ich sofort als Antwort zurück. Der Rest ist der
Beginn unserer Geschichte.

Eine Geschichte mit ganz vielen schönen Aufs, aber auch Ups, wie das
Leben so spielt. Den ersten großen Streit inklusive »Trennung« gab es
im September. »Ich muss mein Leben wieder umstellen. Die Saison
beginnt bald. Ich, wir … sind viel zu viel unterwegs, ich kann das so
nicht weitermachen.«, Damit konfrontierte er mich, nachdem wir am
Vortag bis nachts um vier zusammen gefeiert hatten. Ich habe ihm daraufhin eine lange E-Mail geschrieben – über meine Gefühle und wie
ich alles sehe. Die dürfte ihn beeindruckt haben, am Abend stand er
mit Blumen vor meiner Haustür. Und nein, es war und ist nicht immer
Sonnenschein. Unsere Beziehung hat anders als andere Beziehungen
begonnen, hat sich aber auch anders und schöner entwickelt. Er ist
da, lässt mich wachsen, gibt mir Rückhalt, wie ich es auch bei ihm
mache. Wir jonglieren mit den Kids, mit schlaflosen Nächten und so
manchem Hickhack – später noch mehr Einblicke ins Schlafzimmer.
Blumen gibt es bis auf dieses eine Mal nie einfach so. Wenn ich
Blumen von ihm haben will, muss ich ihm das explizit sagen, und
dann bringt er mir trotzdem orangene statt weiße. Und das, obwohl er
weiß, dass ich orange nicht mag. »Es gab keine andere Farbe«, lächelt er
dann verschmitzt. Allerdings gibt es nach so vielen Jahren noch immer
spontane Umarmungen, Drücker, Bussis, Küsse, aufmunternde Worte
und ein ernst gemeintes und inniges »Ich lieb dich«, wenn wir beide

in der Küche stehen, den Geschirrspüler ausräumen, ein Kind ihn beschimpft, ein zweites mich anschreit und die anderen beiden Mäuse streiten. That's life. Merci für dich! So weit zu uns. Im nächsten Kapitel erzähle ich euch noch die Story über die schlaflosen Nächte, wie mein Mann damit umgeht und warum er auf einmal weg ist.

Wir wissen alle, dass es neben den Kindern und dem Alltag nicht immer einfach ist, ein glückliches Paar zu bleiben. Ehen und Partnerschaften gehen dabei leider auch in die Brüche, wie wir sehen und beobachten können oder selbst vielleicht auch schon erlebt haben. Ich habe mich hier wieder bei meinen Insta-Innies umgehört, 86 Prozent der Befragten sind noch mit dem Vater ihrer Kinder zusammen, sieben Prozent haben keinen Partner und sieben Prozent leben in einer Patchwork-Lösung. Ich habe sie auch gefragt, was ihnen zum Thema Partnerschaft als Erstes einfällt. Hier die Antworten:

O-Ton Insta-Innies

»Uns im Alltag nicht zu verlieren«.

»Die Balance zwischen Kindern und Ehe zu behalten.«

»DEN KINDERN UND DEM PARTNER GERECHT ZU WERDEN.«

»Dass mein Mann oder ich sehr viel arbeiten.«

»Wenig Sex«

»Unterschiedliche Ansprüche an Erziehung und Familie.«

»Auszeiten für uns beide.«

Und weil auch das Thema »Wenig Sex« vorkam, habe ich an diesem Punkt noch mal nachgehakt. Nicht ganz untypisch für mich. Nein, Spaß beiseite, gerade auch bei diesem Thema sind die Erwartungen im stressigen Alltag neben den Kindern und dem Job viel zu hoch. Wir sind nicht prüde, sondern wir verlieren leider oft den Bezug zur Realität und zum echten Leben.

Umfrage vom Januar 2023, 400 Teilnehmer*innen:
Wie oft haben dein Partner und du Sex?

Ein- bis zweimal pro Monat: 46 Prozent
Einmal pro Woche: 35 Prozent
Zwei- bis dreimal pro Woche: 16 Prozent
Häufiger: 4 Prozent

Wie du also siehst, die Mehrheit liegt bei ein- bis zweimal pro Monat. Nein, nicht täglich oder auch nicht (mehr) jeden zweiten Tag. Just saying, lass das Ergebnis gerne auf dich wirken.

Und egal, wie oft wir es tatsächlich »schaffen« und auch egal, ob es nun kurzer Elternsex oder doch ein heißes, längeres Wieder-Erforschen ist, wir können dankbar sein, wenn unsere Partnerschaft einigermaßen klappt, egal, ob mit dem Vater der Kinder oder mit jemand anderem, und wir jemanden an unserer Seite haben, mit dem wir den Wahnsinn gemeinsam surfen.

Ich bin von Herzen dankbar dafür. Und das sage ich, obwohl ich meinen geliebten Mann nach unseren vielen gemeinsamen Jahren manchmal auf den Mond schießen könnte. Vor allem, wenn er mir sagt, wie ich mit einem Kind auf dem Arm neben dem Teekochen und dem Obstschneiden den Geschirrspüler »richtig« einzuräumen habe. Oder wenn er wieder einmal meint, so vieles einfach besser zu wissen. Oder (das muss jetzt noch sein) wenn er der Meinung ist, dass er das gesamte von mir entsorgte Gerümpel noch mal durchschauen muss. Ich sage dazu pure Kontrolle, er nennt es Mülltrennung! Was mich dabei am meisten ärgert? Dass er tatsächlich jedes Mal etwas findet, sei es auch »nur« ein futzi-kleines Nintendo-Switch-Spiel, das er mir dann mit einem spitzbübischen und neckischen »Ich-wusste-es-ja«-Blick unter die Nase hält. »Willst du das auch entsorgen?«, lächelt er dann verschmitzt und fährt sich durch die noch immer ziemlich dichten Haare.

DATE-IDEEN FÜR PAARE

Da du solche und ähnliche »Ich-will-dich-auf-den-Mond-schießen«-Situationen vielleicht auch kennst, lasse ich für dich, für mich, für uns ein paar tolle Ideen hier, die wir alle mehr im Alltag einbauen können. Da mein lieber Mann ja »angeblich« meinen Blog nicht anschaut, bin ich gespannt, ob er sich diesen Survival-Guide bis hier durchliest und sich diese Punkte ebenfalls zu Herzen nimmt. Stay tuned …

DATING-BOX

Eine charmante Idee, die auch zu besonderen Anlässen wie dem baldigen Hochzeitstag verschenkt werden kann. Schreibt euch gemeinsam verschiedene Dating-Ideen auf und gebt sie in diese besondere Box. Einfach am Vortag herausziehen und das wird gemacht!

FIXE DATE-NIGHTS RESERVIEREN

Einmal pro Woche, alle 14 Tage, einmal im Monat, alle zwei Monate, ganz wie ihr wollt Date-Nights für Eltern sollten bewusst im Vorhinein und kontinuierlich geplant werden. Vorwürfe wie »Wann machen wir endlich wieder etwas gemeinsam? Du denkst überhaupt nie daran!« können dann gar nicht erst aufkommen. Es ist so auch leichter, einen Babysitter zu bekommen oder die Großeltern/ Freunde einzuspannen.

DATE-PASS

Christina und ihr Mann haben einen Date-Pass, und ich finde das grandios. Sie führen ein kleines Tagebuch gefüllt mit Ideen oder Orten, die sie in ihrer Umgebung gerne ausprobieren möchten. Tolle Restaurants, Aktivitäten, schöne Bars … sind ganz in ihrer Nähe, wenn sie nicht wissen, wohin sie als Nächstes gehen wollen. Das ist auch eine süße Geschenkidee für einen besonderen Anlass.

WEEKEND-AUSZEITEN

Zuerst waren die Kinder zu klein, dann kam Corona. Und immer tobt der Alltag. Hallo, das ist ein Wink mit dem Zaunpfahl! Ich würde mich wirklich sehr über ein gemeinsames Wochenende mit meinem Mann freuen. Das gab es bei uns wirklich schon ewig nicht mehr. Es tut gut, einmal wieder als Paar und nicht als Eltern unterwegs zu sein, einen Kurztrip zu unternehmen.

FREIWILLIGENARBEIT ALS DUO

Das funktioniert zusammen erst, wenn die Kinder größer sind, aber ich finde die Idee ausgesprochen schön. Es gibt so viele Möglichkeiten, sich freiwillig zu engagieren, egal, wo man lebt. Zieht ein paar Stunden in Betracht, in denen ihr gemeinsam Gutes tut. Ich habe vor ein paar Jahren öfter bei der Essensausgabe für sozial schwächere Mitmenschen geholfen. Es war sehr anstrengend und nicht immer einfach, doch wenn man merkt, dass man andere unterstützen kann, macht das alles wieder wett.

NICHT ÜBER DIE KIDS REDEN

Versucht, beim Date nicht über die Kids zu sprechen oder darüber, wer morgen welche Fahrdienste übernimmt. Sprecht über eure gemeinsamen Wünsche, eure Ziele. Wohin wollt ihr als Nächstes fahren? Was wollt ihr gemeinsam unternehmen?

HANDY WEG

Das Handy hat am Tisch und während des Essens keinen Platz. Abgehoben werden darf nur, wenn der Babysitter anruft. Und das auch erst beim zweiten Klingeln!

Sollte das Auswärts-Dating schwer funktionieren, weil die Kinder noch so klein sind, ihr keinen Babysitter bekommt oder dergleichen, schlage ich euch hier noch einige Dinge vor, die ihr easy daheim umsetzen könnt.

EIN NEUES REZEPT
Zusammen kochen kann viel Spaß machen. Einfach ein Gericht heraussuchen, das ihr beide gerne esst, jedoch noch nie selbst gemacht habt, und gemeinsam nachkochen.

FILMABEND
Jeder darf einen Film bestimmen, und ihr seht euch gemeinsam zwei tolle Filme an. Handyfreie Zone! Dazu gibt es Popcorn und ein gutes Glas Wein.

SPIELEABEND
Ein Abend mit Uno, ein Puzzle, Color Addict, Monopoly oder klassisch Mühle – nehmt euch Zeit und spielt miteinander. Sehr lustig kann auch »Stadt, Land, Fluss« sein oder aber auch ein Nintendo-Abend. Zurück in unsere Jugend: Spielt Super Mario, SingStar oder ein anderes Retro-Spiel. So cool! (Geht aber nur, wenn ihr die Spiele nicht versehentlich entsorgt habt.)

EIN GEMEINSAMES BAD
Gerade in der kalten Jahreszeit eine schöne Dating-Idee für daheim: Die Badewanne einlassen, ein gutes Badeöl oder Badesalz verwenden und hinein mit euch.

DIE STERNE BETRACHTEN
Die Sterne nur anzuschauen, kann schön sein, aber es ist noch beeindruckender, wenn ihr eine App auf eurem Handy heruntergeladen habt. Richtet das Handy einfach auf den Himmel und lasst euch erklären, welche Konstellationen oder Satelliten ihr gerade seht. Das eröffnet neue Horizonte und Perspektiven.

VISIONBOARD GEMEINSAM ERSTELLEN

Erstellt euer gemeinsames Visionboard, sprecht über eure Pläne, Träume, Ziele, künftige Urlaube. Was wünscht ihr euch? Macht gemeinsam ein Board und visualisiert eure Ziele.

STÖBERN IN ALTEN BILDERN UND URLAUBSERINNERUNGEN

Seht euch gemeinsam eure alten Bilder an, schwelgt in Erinnerungen. Unsere Hochzeitsreise auf Hawaii ist ein Evergreen, es war so schön dort.

WAHRHEIT ODER PFLICHT

Das Spiel ist immer einen Versuch wert.

In diesem Sinne: Eltern sein, Paar bleiben. Nicht immer einfach, doch wenn es funktioniert, das Bombastischste überhaupt!

11. DAS LEIDIGE THEMA ELTERNSCHLAF

Es ist kein Geheimnis. Nein, bestimmt nicht. Egal, ob mit einem, zwei oder mehreren Kindern: Vor den schlaflosen Nächten ist kein Elternteil gefeit. Auch nicht Universitätsprofessoren, Erfolgsunternehmerinnen, Durchstarterinnen oder C-Promis. Es gibt keinen Extra-Bonus. Kein Extra-Goodie. Kein Promi-Zuckerl. Da sind wir alle wieder ganz normal. »Ich habe insgesamt 763 Nächte nicht durchgeschlafen«, sagt Zweifach-Mama Amira Pocher.[5] Meinen Insta-Innies und auch meinem Mann und mir geht es ähnlich. Wir outen uns alle. Ich hatte letztens über 300 Antworten. Ein Drittel meiner Insta-Innies hat die Nacht durchgeschlafen, zwei Drittel nicht, ja, *zwei Drittel*. Da ich von Natur aus sehr neugierig bin, wollte ich natürlich auch wissen, warum. Bei 45 Prozent musste das Kind auf die Toilette, etwas trinken oder es musste getröstet werden. Das kennen wir. Vier Prozent durften nach einem Pipi-Unfall das Bett frisch beziehen. Auch das ist uns wohlbekannt.

Nun allerdings zu etwas, was mich anfangs etwas verwundert hat: Bei 41 Prozent der Befragten ist der eigene »Gedankenkakao« Grund für die Schlaflosigkeit ist. Überspitzt gesagt, ist das bei fast jeder zweiten Umfrage-Teilnehmerin der Fall.

Und nun zu dir! Wie sieht es bei dir mit dem Durchschlafen aus? Hast du letzte Nacht durchgeschlafen? Wenn nein, warum nicht? Wegen der Kinder oder wegen deines eigenen Gedankenkakaos? Resümieren wir also kurz und knapp: Auf das Einpendeln der Schlafgewohnheiten dürfen wir (oder viele) lange hoffen. Jede dritte Mama, die ich gefragt habe, schläft seit mehr als vier Jahren nicht durch. Vier Jahre! Wahnsinn! Endlich fühle ich mich nicht mehr so allein. Zumindest mein lieber Mann und ich warten auf diesen einen relativ normalen Schlafrhythmus immer noch vergebens. Und das, obwohl »relativ normal« hier ein weit gedehnter Begriff ist, für mich sind es vielleicht sechs Stunden durchschlafen. Mein Mann ist mit acht Stunden anspruchsvoller oder – in unserem Fall – in die Kategorie »Träumer« einzuordnen. Fast schon wieder eine schöne Metapher.

O-Ton Insta-Innies

»*Ich bin schwanger und will endlich mein Baby bekommen. Es ist schon so mühsam. Besonders nachts.*«

»Mir ist es zu heiß, und wenn ich dann munter bin, kommen die Gedanken. Wie wird es weitergehen? Was erwartet uns? Was erwartet die Kinder?«

»Ich konnte nicht schlafen, weil mein Gedankenkarussell sich immer weiterdreht. Am Tag läuft alles automatisch ab, da kann ich nicht viel überlegen. Aber wenn ich dann abends im Bett liege oder nachts aufwache, fangen die Gedanken an.«

DER PLÖTZLICH VERSCHWUNDENE MANN

Wenn wir jetzt schon bei meinem lieben Mann sind, muss ich dir unbedingt diese eine Geschichte von ihm erzählen. Nein, nicht die, als er im Gitterbett geschlafen hat. Nicht die, als er ausschlafen wollte. Es ist dieses eine besonders schlimme Erlebnis, das mir heute noch im Nacken sitzt. Es scheint unvorstellbar, aber plötzlich war mein Mann eines Morgens weg. Verschwunden. Nicht auffindbar. Futschikato. Weggebeamt.

Hat ihn der Schlafmangel davongejagt? Waren ihm die Nächte doch zu viel? Ist er vielleicht zur dunkelhaarigen Schönheit geflüchtet? Halten Männer etwa weniger aus? (Sorry, just asking, ich will jetzt niemandem auf den Schlips treten oder gar eine Gender-Diskussion vom Zaun brechen ...) Ich habe schon das Schlimmste befürchtet. Der plötzlich verschwundene Mann kann in der Kombination mit extremem Schlafmangel das schlimmste Kopfkino auslösen, glaube mir. Vor allem auch deshalb, weil für meinen lieben Mann Schlaf immer ein so wichtiges Thema war und es eigentlich theoretisch auch heute noch ist. Er handhabt es einfach anders als ich, wenn nicht sogar besser. Der Schlaf war und ist ihm immer heilig. Sportlichere Menschen – wie er früher einmal, wie du inzwischen weißt – legen im Allgemeinen sehr großen Wert auf ihren Schlaf. Du kannst dir vielleicht vorstellen, dass ich gerade nach unserem holprigen Kennenlernen sehr verwundert war, als ich diese Eigenschaft bei ihm entdeckt habe. Ich habe mit vielem gerechnet, aber mit einem so strukturierten Tagesablauf nicht. Konkret sah das damals so bei ihm aus: Nach dem Vormittagstraining hieß es schlafen, sich regenerieren oder eine kurze Pause machen, dann wieder Training. Ins Bett ist er um zehn. Kein Fernseher. Kein Screen. Kein Handy-Schauen im Zimmer. Kein Licht. Auch ich nicht. Und das bereits 2004. Eigentlich so, wie es alle Schlaf-Gurus und Life-Coaches heutzutage empfehlen. »Alles andere lenkt mich ab und stört mich«, war sein Argument. Mein Sportler-Monk. Tja, Überraschung: Als Papa kommt er mit den Argumenten nicht mehr durch. Vielleicht kannst du jetzt nachvollziehen, warum ich plötzlich Panik bekommen habe, als er weg war. Ich konnte es mir nicht erklären …

Dabei war der Abend ganz nett gewesen. Wir gönnten uns ein Gläschen Wein und plauderten. So gegen zehn (das hat er sich auch als Papa beibehalten) legen wir uns hin, alles ist ruhig. Nun ja, mein lieber Mann ist ziemlich müde, er schläft gleich ein. Ich nehme meinen E-Reader und lese ein paar Seiten, mehr geht nicht, auch ich bin erledigt. Gerade als ich das »Buch« zur Seite lege, höre ich einen Schrei aus dem Zimmer der zwei »großen« Kinder: »Wasser!« Ich ignoriere das mittlerweile, wir haben nämlich vorgesorgt. Die gefüllte Wasserflasche steht neben dem Bett, es folgt ein »Gluckgluckgluck«.

Wieder versuche ich zu schlafen. Leise Schritte nähern sich. Sandwich-Kind Nr. 1 kommt in unser Bett. Unsere Mittlere liebt die Mitte und legt sich quer ins Bett. Über uns. Und strampelt. An Schlaf kann ich nicht denken. Ich schiebe das Mäuschen zwischen meinen (bereits sehr, sehr tief schlafenden) Göttergatten und mich – die Beinchen bewegen sich trotzdem weiter. Nun ja, in diesem Stil geht es weiter. Die älteste Prinzessin ruft mich, es geht hin und her und schlussendlich endet es so, dass ich mit einem Mäuschen gemeinsam in einem Ausweichbett lande. Wo ich irgendwann prompt wieder aus dem Schlaf gerissen werde. Das kleinste Mädchen weint. Sie schläft zu diesem Zeitpunkt eigentlich im Gitterbett neben meinem Göttergatten, der das im Griff haben müsste. Aber sie jammert weiter, zuerst leise, dann immer lauter. »Hört mein Mann das denn nicht?«, denke ich mir. Ich stehe auf, gehe etwas energischer in unser Schlafzimmer. Und dann: der Schock! Das Doppelbett ist leer. Wo ist mein Göttergatte? Ist er weg? Hat er genug? Ihr wisst, mein Kopfkino …

Das kleinste Mädi steht währenddessen in ihrem Bettchen und streckt mir die Arme entgegen. Ich nehme sie und wir gehen ins Ausweichbett. Ich frage mich zwar noch immer, wo mein geliebter Mann ist, aber die Müdigkeit siegt schlussendlich und ich schlafe ein. In der Früh wache ich zerknautscht mit zwei Füßen in meinem Gesicht auf. Mein erster Gedanke: Wo ist er? Gönnt er sich etwa eine Auszeit?

Dann endlich die große Erleichterung: Er kommt ins Zimmer, legt sich zu uns dreien auf die ziemlich kleine Matratze. Dass wir eigentlich zu wenig Platz haben, ist mir in diesem Fall komplett egal. Er ist da! »Ich hatte eine Horrornacht. Und dann verschwindest du. Wo warst du?« »Meine Nacht war auch nicht viel besser. Die Kleine hat mir im Dreivierteltakt in den Magen getreten«, sagt er. Er ist daraufhin ins Hochbett der großen Prinzessin geflüchtet und gesteht: »Mein Highlight: Ich bin die Rutsche runtergerutscht!« 1 : 0 für ihn! Ende gut, alles gut – damals zumindest.

SO KÖNNEN WIR DEN ELTERNSCHLAF OPTIMIEREN

Was den Schlaf angeht, haben wir also zwei Alternativen: Wir können einerseits den Kopf in den Sand stecken und jammern. Oder aber – und nun kommen wir zur Alternative – wir machen das Beste daraus. Bücher und Tipps für den Schlaf der Kinder gibt es genug. Bessere und schlechtere, je nach Erziehungsstil und natürlich auch immer ein bisschen dem Zeitgeist unterworfen.

Ich möchte jedoch bei uns Erwachsenen ansetzen. Theoretisch wissen wir es ja: Unser Schlaf hat Auswirkungen auf unser gesamtes Wohlbefinden. Wir haben wahrscheinlich alle schon oft gehört, dass Schlaf wichtig ist und dass die Stunden vor Mitternacht einen erholsameren und tieferen Schlaf bieten als die Stunden danach. Doch was tun, wenn das endlich die wenigen Stunden/Minuten am Tag sind, die wir für uns haben?

Ich bin fest davon überzeugt, dass man in jedem Alter seine Schlafroutine noch ändern kann und es nie zu spät ist, sie zu verbessern. Was wir nicht vergessen dürfen: Die positiven Auswirkungen sind spürbar und sprechen für sich. Die Wissenschaft erforscht die Themen rund um den Schlaf immer genauer, und die Resultate sind sehr interessant, ich möchte einige mit euch teilen. Zumindest die, die auch für Eltern machbar sind. Ab und zu halt … Was ist möglich? Was ist realistisch? Was können wir umsetzen, und was nicht?

Schlaf und seine Wirkung

Ausreichend Schlaf in guter Qualität schärft den Fokus und die Konzentration und unterstützt die meisten Aspekte des kognitiven Denkens: Gedächtnis, Problemlösung, Urteilsvermögen, Kreativität sowie die emotionale Verarbeitung. Schlaf ist wichtig für die Neuroplastizität, also die Fähigkeit des Gehirns, sich aufgrund neuer Informationen und Erfahrungen anzupassen.[6]

Das bedeutet unter anderem: Wenn wir zu wenig schlafen, sind wir weniger in der Lage, das tagsüber Gelernte zu verarbeiten, und es fällt uns schwerer, uns später daran zu erinnern. Summa summarum: Wirklich wichtig ist es, sich bewusst zu machen, wie groß der Einfluss unseres Schlafs – und vor allem die Qualität unseres Schlafs – auf uns, unseren Körper und unser Wohlbefinden ist. Bitte beobachte dich einmal genau und führe ein Schlafprotokoll. Wie geht es dir nach einer vollkommen ausgeschlafenen Nacht, wie fühlst du dich? Und wie geht es dir wiederum körperlich und vor allem auch geistig, wenn du nicht schlafen konntest?

Einiges können wir als Eltern nicht beeinflussen, doch ein paar Sachen schon. Ich gebe dir deshalb Tipps, die dich dabei unterstützen können, deinen Schlaf zu verbessern. Bitte nicht vergessen: Nicht alles eignet sich für jede, suche dir deshalb aus, was für dich und deine Familie am besten passt. Deshalb ergänze ich die konkreten Tipps durch ein Auswertungsschema, mithilfe dessen du ausprobieren kannst, was für dich funktioniert.

Einige Schafforscher schwören auf komplett abgedunkelte Schlafzimmer und sind der Meinung, dass völlige Dunkelheit zu einem tieferen Schlaf beitragen kann. Wenn du für dich persönlich aber gerne mit offenem Fenster schläfst und von den ersten Strahlen des Sonnenaufgangs geweckt werden willst, sind andere Tipps vielleicht wertvoller für dich. Und: Egal ob mit einem Kind, mit zwei, drei, vier oder mehr Kindern, mit oder ohne Schlafproblemen und unabhängig von den tatsächlichen Stunden, die du in einer durchschnittlichen Nacht schläfst, wir alle können unseren Schlaf mit bestimmten Routinen ein wenig beeinflussen.

GRUNDSÄTZLICHE ÜBERLEGUNGEN

Eine Lösung für besseren Schlaf stellt für manche das Familienbett dar. Bei dem Thema scheiden sich jedoch die Geister. Ich für meinen Teil habe es gern, wenn die Kids im Bett sind, wenn wir kuscheln, wenn ich sie gleich trösten kann – oder, als sie klein waren, stillen konnte. Mich irritiert das x-malige Aufstehen. Mein Mann wiederum mag es überhaupt nicht, wenn die Kleinen in unserem Bett liegen und strampeln, seine Nächte sind dann unruhig und er flüchtet. Freunde haben ein riesengroßes Bett anfertigen lassen. »Für uns ist das die beste Lösung, sonst kommt keiner zum Schlafen«, sagt meine Freundin, die drei Kids hat.

Aus der Schlafforschung wissen wir, dass ein Schlafzyklus 90 Minuten dauert und sich mehrmals pro Nacht wiederholt. Um alle wichtigen Schlafphasen durchzumachen und nicht müde oder während der Tiefschlafphase aufzuwachen, sollte man ein Vielfaches dieser 90-Minuten-Intervalle schlafen.[7]

Was ich auch nicht missen möchte und hier noch nennen will, ist ein Gästezimmer beziehungsweise ein Ausweichbett für den Notfall. Wir haben erst zu einem relativ späten Zeitpunkt das zweite/dritte Kinderzimmer umgebaut, vorher stand unser altes Doppelbett im Raum und wurde viele Nächte genutzt. Auf den nächsten Seiten schlage ich dir Maßnahmen vor, die du ausprobieren kannst, um deinen Schlaf zu verbessern. Wir Eltern neigen leider oft dazu, sie zu vergessen. Probiere sie aus und prüfe, was dir hilft.

WORKSHEET:
Top-Tipps für eine bessere Nachtruhe

Hier ist eine Liste mit den Top-Tipps für eine bessere Nachtruhe, die du nach und nach ausprobieren kannst. Notiere jeden Tag nach dem Aufwachen, was du umgesetzt hast und wie hoch dein Energielevel ist, wobei 1 zu vernachlässigen und 10 bombastisch ist. Wir sollten nicht immer wieder auf 5 oder 6 landen, denn wir wollen unsere Schlafgewohnheiten verbessern, wir möchten eine Tendenz und kein Mittelmaß. So wissen wir besser, wo wir ansetzen können. Schreibe dir die Zahl bei »Mein Resümee« auf und schau dir den Verlauf an. Tut die Maßnahme dir gut? Hilft sie dir? Steigert sich dein Energielevel?

Maßnahmen für deinen Schlaf

- Das Schlafzimmer sollte gut gelüftet sein. Am besten eine Stunde vor dem Schlafengehen das Fenster kippen und auch nach dem Aufstehen kurz durchlüften.

  Ich habe es versucht: JA / NEIN
  Mehrmals versucht:

  Mein Resümee:

1	2	3	4	5	6	7	8	9	10

- Das Schlafzimmer sollte möglichst ruhig sein. Versuche Geräusche zu vermeiden, wie zum Beispiel einen laufenden Fernseher, ein Radio oder das Ticken eines Weckers. Auch sollte das Zimmer dunkel sein. Keine Netzteile, blinkende Lichter oder Straßenlaternen beziehungsweise Sonnenlicht durchs Fenster.

Ich habe es versucht: JA/NEIN

Mehrmals versucht:

Mein Resümee:

I	2	3	4	5	6	7	8	9	10

- Die Temperatur kann im Bereich zwischen 15 und 19 Grad schwanken, hier auf die eigene Wohlfühltemperatur achten. Die ideale Temperatur für das Schlafzimmer ist 18 Grad. Die Bettdecke sollte entsprechend dünn sein, auch auf den Pyjama achten.

Ich habe es versucht: JA/NEIN

Mehrmals versucht:

Mein Resümee:

I	2	3	4	5	6	7	8	9	10

- Trage deine Gedanken vor dem Schlafengehen in ein Journal ein, so ist der Kopf frei. Ich sehe den Unterschied nicht nur bei mir, es ist auch wissenschaftlich bewiesen, dass uns das Tagebuch- schreiben beim Einschlafen hilft.

Ich habe es versucht: JA/NEIN

Mehrmals versucht:

Mein Resümee:

1	2	3	4	5	6	7	8	9	10

- Genug trinken. Während der Nacht verliert unser Körper bis zu einen halben Liter Flüssigkeit, denn diese Menge brauchen unsere Entgiftungsorgane, um ordentlich arbeiten zu können. Deshalb ist es so wichtig, tagsüber genug zu trinken und vor dem Schlafengehen und nach dem Aufwachen ein Glas Wasser zu trinken.

Ich habe es versucht: JA/NEIN
Mehrmals versucht:

Mein Resümee:

1	2	3	4	5	6	7	8	9	10

- Circa vier Stunden vor dem Schlafengehen sollten wir keine koffeinhaltigen Getränke wie Kaffee, Tee, Cola oder Energy-Drinks mehr zu uns nehmen.

Ich habe es versucht: JA/NEIN
Mehrmals versucht:

Mein Resümee:

1	2	3	4	5	6	7	8	9	10

Übrigens: Auch Nikotin ist ein anregender Stoff, der unseren Schlaf stören kann. Es ist nie gesund, aber es ist besonders wichtig darauf zu achten, nicht mehr zu spät am Abend zu rauchen. Das Gleiche gilt für Alkohol. Mein Schlaftracker zeigt mir, dass meine Schlafwerte schlechter sind, wenn ich am Abend ein Glas Wein statt Wasser trinke.

- Nimm drei Stunden vor dem Schlafengehen keine fettigen oder üppigen Mahlzeiten mehr zu dir. Unser Körper ist durch späte Mahlzeiten in der Nacht mit dem Verdauungsprozess beschäftigt und findet dadurch weniger Erholung im Schlaf. Meine durch einen Schlaftracker gemessenen Werte zeigen es und auch die Wissenschaft sagt: Ideal sind Ballaststoffe, sie fördern erholsamen Schlaf.

Ich habe es versucht: JA/NEIN
Mehrmals versucht:

Mein Resümee:

1	2	3	4	5	6	7	8	9	10

- Körperliche Aktivität fördert unseren Schlaf. Wir sollten dennoch circa zwei Stunden vor dem Schlafengehen keinen Sport mehr machen. Die abendliche Belastung wirkt sich negativ auf unseren Schlaf aus.

Ich habe es versucht: JA/NEIN
Mehrmals versucht:

Mein Resümee:

1	2	3	4	5	6	7	8	9	10

- Aufregung und grelles Licht vor dem Schlafengehen vermeiden. Vermeide aufregende Filme, Handy-Spiele, negative Nachrichten oder stressige Gespräche. Gut zu wissen: Das Körper- und Schlafhormon Melatonin steigt an, wenn es dunkel wird. Dann sollten wir unserem Körper kein helles oder grelles Licht mehr auf die Netzhaut zumuten. Grelles Licht ist für unseren Körper ein Signal, dass es Tag ist. Die Melatonin-Produktion wird dadurch gebremst, was für erholsamen Schlaf allerdings nicht förderlich ist.

Ich habe es versucht: JA/NEIN
Mehrmals versucht:

Mein Resümee:

1	2	3	4	5	6	7	8	9	10

- Vor dem Schlafengehen ein paar Atemübungen machen. Mein Favorit ist die 4-7-8-Methode: 4 Sekunden lang durch die Nase einatmen, 7 Sekunden die Luft anhalten und 8 Sekunden lang durch den Mund ausatmen. Am besten fünfmal wiederholen.

Ich habe es versucht: JA/NEIN
Mehrmals versucht:

Mein Resümee:

1	2	3	4	5	6	7	8	9	10

• Du kannst vor dem Schlafengehen eine kurze Meditation machen. Das hilft beim Runterkommen und Einschlafen. Meine Schlafwerte sind danach immer super! Sogar auch, wenn ich währenddessen einschlafe. Ist auch ein schönes Ritual gemeinsam mit den Kindern.

Ich habe es versucht: JA/NEIN
Mehrmals versucht:

Mein Resümee:

1	2	3	4	5	6	7	8	9	10

• Im Idealfall vor dem Schlafengehen ein Buch lesen. Ein paar Seiten reichen schon. Das Konzentrieren auf kleine Zeilen auf dem Papier macht müde und das Gelesene kann besser verarbeitet werden.

Ich habe es versucht: JA/NEIN
Mehrmals versucht:

Mein Resümee:

1	2	3	4	5	6	7	8	9	10

AKUT-MASSNAHMEN

- Wenn nichts mehr hilft und du den Tag kaum geschafft hast: Geh am Abend gemeinsam mit den Kindern schlafen. Es muss nicht immer sein, aber ab und zu tut es gut und du kannst Kraft sammeln.

- Nichts geht über einen Mittagsschlaf. Leider ist das nicht immer möglich, aber nutze diese Möglichkeit, wann immer du kannst. Manchmal klappt es, wenn kleine Kinder selbst noch mittags schlafen (Schlaf schlägt Haushalt, immer! Unbedingt!). Wenn diese größer werden und nicht mehr wollen, bietet sich gegebenenfalls auch eine Ruhezeit mit einem Hörbuch an. Ein Mittagsschlaf hilft bei akutem Schlafmangel auch am Wochenende.

- Übernachtung bei Großeltern/Freunden ist eine tolle Idee, wenn man als Mama nachts überhaupt nicht zur Ruhe kommt. »Das funktioniert auch, wenn man noch stillt. Ich habe dafür abgepumpt«, berichtet eine andere liebe Freundin, von der dieser Ratschlag kommt. Ich selbst habe es im Babyalter der Kids noch nicht geschafft, dafür hätte ich jetzt gern jemanden, der alle vier nimmt.

- Wenn das Fremdübernachten nicht so gut funktioniert, gibt es noch eine andere schöne Lösung: Mein Mann und ich wechseln uns gelegentlich an Wochenenden mit dem Ausschlafen ab. Am Samstag steht er auf, am Sonntag ich.

Meine Lieblings-Schlafübung für Eltern und Kinder

Abschließend lasse ich euch noch eine wunderschöne Übung hier, die hilft, wenn du schlaflos im Bett liegst. Sie lässt sich auch gut für Kinder umsetzen. Zuerst überlegt man sich fünf Wünsche, und dann spricht man sie jeweils zwanzigmal leise aus. Ich schlafe bereits seit über einem halben Jahr mit diesem Ritual ein und habe es – außer bei Vollmond – noch nie geschafft, alles aufzuzählen. Allein die Suche nach den eigenen Wünschen bringt eine angenehme Stimmung mit sich und tut beim Einschlafen gut.

Ich hoffe, dass einige dieser Tipps dich dabei unterstützen können, ein für dich passendes Schlafritual zu entwickeln. Such dir aus, was für dich wirksam ist und in deinen Alltag passt. Bitte beachte, dass diese Maßnahmen – bis auf die akuten – keine Dinge sind, die man einmal macht. Eine Verbesserung der Schlafqualität bemerkt man in der Regel nicht sofort. Diese Schritte müssen zur Gewohnheit werden und an mehreren Tagen der Woche implementiert werden, damit man die Vorteile auch wirklich spürt. Ich bin gespannt auf dein Feedback, wie sich dein Schlaf in den kommenden Wochen verbessert hat. Und bitte nicht vergessen: Man muss nicht die perfekte Mami sein und sich rund um die Uhr um die Kleinen kümmern. Ist man vom Schlafmangel ausgezehrt, haben auch die Kleinen nichts davon. Man muss auch hier lernen, auf sich zu achten, erst dann kann man »perfekt« sein.

Meine Liebe! Von Herzen Danke für das Lesen, für dein Mittun. Wie du siehst, sind es nicht die großen, sondern die vielen kleinen, machbaren Schritte, die Veränderung ermöglichen. Wichtig ist, dass du kontinuierlich dranbleibst. Ich weiß, das Leben lebt und die nächste Herausforderung steht schon vor der Tür. Gib das Buch nicht einfach weg – nimm es wieder zur Hand, wenn es dir nicht so gut geht, und mach die eine oder andere Übung noch einmal. Vertiefe sie, du wirst sehen, dass es jedes Mal anders ist. So erneuere ich beispielsweise jedes Jahr mein Visionboard – mit und ohne die Kinder – es verändert sich und es tut sich viel. Es liegt in deiner Hand, das Beste daraus zu machen – weniger rudern und strampeln, sondern die Wellen nehmen und SURFEN!

Viel Spaß, ich drück dich ganz fest
Deine Verena

PS: Hat dir das Buch gefallen? Dann freue ich mich, wenn wir in Kontakt bleiben. Du findest mich auf
Instagram unter @mamawahnsinnhochvier.
PPS: DU ROCKST ES!

DANK

Vielen herzlichen Dank an alle meine Leserinnen und Leser, die zum Teil schon seit Jahren den Mamawahnsinn tagtäglich auf Instagram oder auf meinem Blog www.mamawahnsinn.com verfolgen. Ohne euch würde es dieses Buch nicht geben!

Großer Dank gebührt außerdem Hannes Steiner und Klaus Altepost, die mich ermuntert und ermutigt haben, die drangeblieben sind und schlussendlich den richtigen Verlag gefunden haben.

Von Herzen Dank an das gesamte Herder-Team mit Julia Ubbelohde, Anna Egger, Andrea Lederer und den anderen Kolleginnen für das Begleiten, die nächtlichen Mails, den tollen Austausch, das offene Ohr – sie sind verantwortlich für den nachhaltigen Glitzer.

Vielen lieben Dank außerdem an Anja Lenz für das Lektorat und die offene Diskussion, sie hat Fräulein Rottenmeier erst möglich gemacht. Danke für die angenehme und sehr professionelle Zusammenarbeit.

Überaus dankbar bin ich meiner außergewöhnlichen Familie, meinen Eltern, meinem Bruder und seiner Familie, meiner Schwiegermutter und meiner Schwägerin für ihre Unterstützung und Ermutigung. Und auch dafür, dass ich sie und ihre Geschichten in das Buch einbringen durfte. Wie ihr sicherlich wisst, hätte ich es ohne euch nicht geschafft.

Besonders erwähnen möchte ich an diesem Punkt meine Freundinnen, besonders Kathrin und Gloria. Von Herzen Danke für den Support, für das Grübeln über die richtigen Worte, für die Inspiration und dafür, dass ihr Eure Geschichten und Erfahrungen zur Verfügung gestellt habt.

Danke an alle guten Freunde, bereitwillige Vorab-Leserinnen und Ratgeberinnen, die meine Tiraden ertragen haben: Evelyn, Eithne (Enya), Christine und an den Goldschatz Rebecca Riess.

Mein größter Dank gilt dir, lieber H., und unseren vier besonderen, fantastischen und wundervollen Minis, durch die ich täglich lernen darf. Ihr habt mein Leben auf eine einzigartige, wunderschöne Weise bereichert und tut es Tag für Tag.

Mein Leben ist anders. Aber anders schöner.

Unendlich mal unendlich.

Last but not least:

Vielen Dank auch an dich, ja, an dich! Von Herzen Danke, dass du dieses Buch bis zum Ende gelesen hast. Ich freue mich, wenn es zu deinem Game-Changer wird. Nimm es gerne wieder zur Hand, wenn es dir nicht gut geht und du eine Auszeit nehmen willst, schmökere darin oder mache die eine oder andere Übung. Gönn dir die Zeit, du bist es wert! Für dich und für deine Liebsten.

NACHWEISE

1   Lenzen, Dr. Manuela: »Die Macht der Musik«, *dasgehirn. info*, 24.08.2015. https://www.dasgehirn.info/denken/musik/ die-macht-der-musik

2   Seite »Selbstfürsorge«. *Wikipedia – Die freie Enzyklopädie.* Bearbeitungsstand: 21. Januar 2023, 11:01 UTC. https://de.wikipedia.org/w/ index.php?title=Selbstf%C3%BCrsorge&oldid=230060979

3   Mai, Jochen: »Gewohnheiten ändern: 8 Schritte + 66 Tage zum neuen Leben!«, *karrierebibel.de*, 23.12.2021, https://karrierebibel.de/ gewohnheiten-aendern/

4   JAL-Redaktion: »Warum haben die Bewohner Okinawas eine längere Lebenserwartung?«, *Japan Airlines Guide to Japan*, https://www.jal. co.jp/de/de/guide-to-japan/destinations/articles/okinawa/why-okina-wans-live-longer.html

5   Christians, Astrid: »Seitdem Amira Pocher Mutter ist, hat sie 763 Nächte nicht mehr durchgeschlafen …«, *Leben & Erziehen*, 30.04.2022, https://www.leben-und-erziehen.de/promi-eltern/amira-pocher-seit-kindern-nicht-mehr-durchgeschlafen-14398.html

6   Red.: »Was passiert im Gehirn, wenn wir schlafen?«, *Alai – Blog and Science,* 17.09.2021 https://alai-web.org/de/ was-passiert-im-gehirn-wenn-wir-schlafen/

7   Institut für Qualität und Wirtschaftlichkeit im Gesundheitswesen (IQWiG): »Was ist ›normaler‹ Schlaf?«, *www.gesundheitsinformation. de*, https://www.gesundheitsinformation.de/was-ist-normaler-schlaf. html